煌《きら》めくハーバリウム

Herbarium

ハーバリウム普及推進委員会

日本文芸社

Introduction

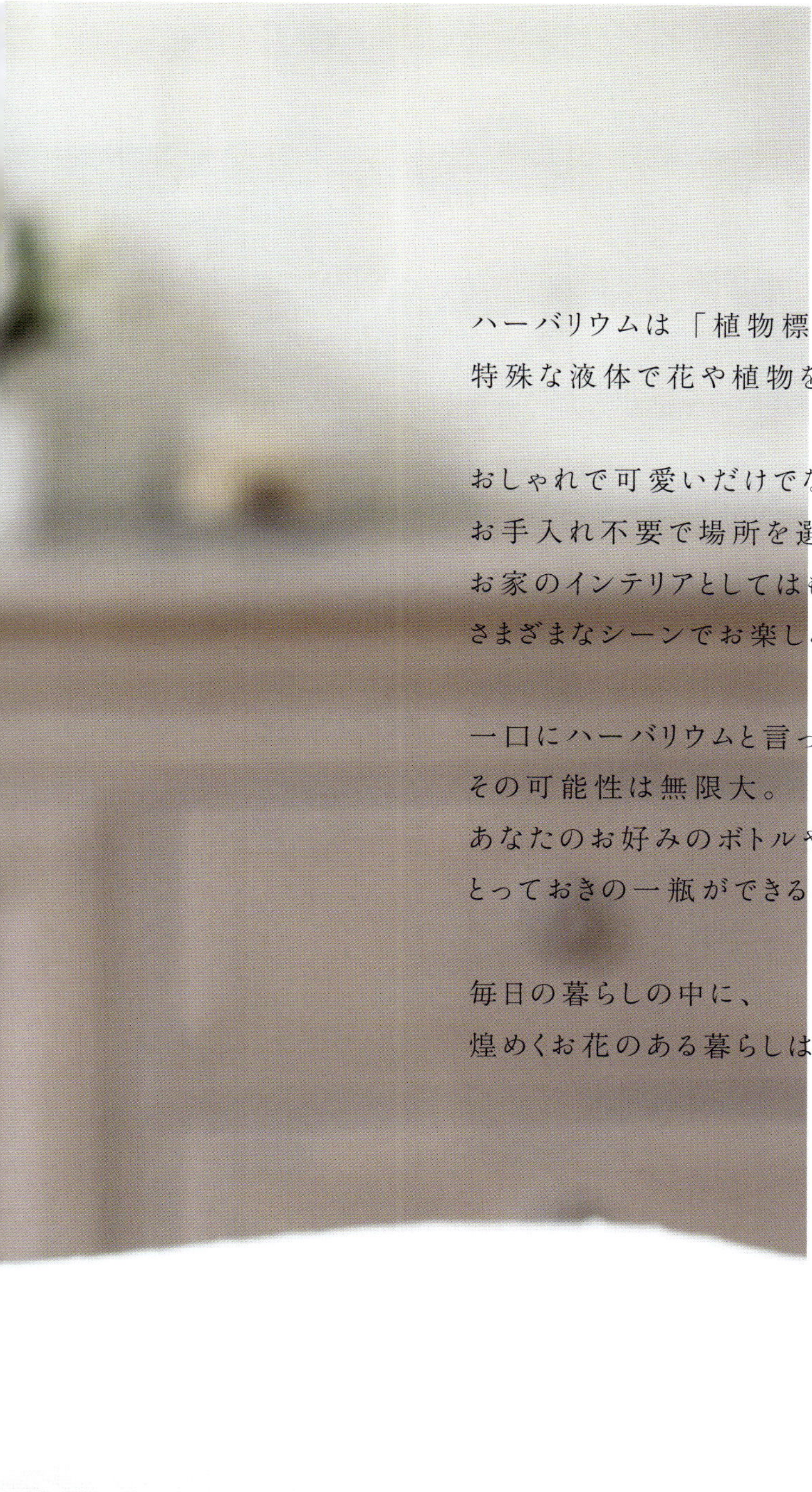

ハーバリウムは「植物標本」を意味した言葉で、
特殊な液体で花や植物を保存するインテリアのことを指します。

おしゃれで可愛いだけでなく、
お手入れ不要で場所を選ばずに長い間飾れるのが特徴で、
お家のインテリアとしてはもちろん、プレゼントなど
さまざまなシーンでお楽しみいただけます。

一口にハーバリウムと言っても、
その可能性は無限大。
あなたのお好みのボトルや花材を組み合わせて、
とっておきの一瓶ができるはず。

毎日の暮らしの中に、
煌めくお花のある暮らしはいかがですか

ハーバリウムの楽しみ方

Plant

植物のある暮らしを

ハーバリウムはもともと植物標本を意味したもの。生花のような美しさはそのままに、ボトルの中に花の美しさを閉じ込められるのも魅力のひとつです。

水を替えたり、日光に当てたりなどの特別なお手入れは必要ありません。玄関やリビング、デスクの上など、手軽にぽんと置くだけで、その場に華やかさが出ること間違いなし。デザインの可能性も無限大なので、忙しい女性のみなさんにも、毎日仕事を頑張っている男性にも、どんなライフスタイルの人にもあった一本にきっと出会えるはずです。

ハーバリウムを作って、毎日の生活に花を添えてみませんか？

自分だけのオリジナルを

自分だけのオリジナル作品というのは、やはり特別です。既製品ではない、手間暇かけたものは特に愛着が湧きます。ハーバリウムは、材料さえそろえばあとはとってもカンタン。基本ができるようになったら、次のステップへ。テクニックさえ覚えればさらにアレンジの幅が広がっていきます。色やボトルを替えて、自分だけのオリジナル作品を作ってみてください。

Original

Scene

シーン別に楽しむ

ハーバリウムはどんなシーンにもおすすめです。自宅の玄関やリビングはもちろん、職場のデスク、お店、結婚式など、どんな場所やシーンにも合わせられます。

デスクの上には癒やしのグリーンを、玄関には華やかさの出るオレンジなどのフルーツを、特別なシーンにはとっておきのバラを……。色や花の特徴ごとに変化をつけて、その場にピッタリの一本がきっとあるはず。

また、ドライにした花をきれいに保存するのにも、ハーバリウムはおすすめ。見えるところに置いて、その日を思い出すのも良いかもしれません。

Present

プレゼントや手土産にも

ハーバリウムの魅力は、何と言ってもその手軽さ。お手入れ不要できれいなお花をインテリアとして飾れて、持ち運びも楽ちん。そのため、プレゼントや手土産にもぴったりです。手作りしたハーバリウムにリボンやメッセージカードを付けるなどのひと手間を加え、大切な人へプレゼントしてみましょう。

作品ラインナップ

Flower Herbarium 01 02

Flower Herbarium 03

Flower Herbarium 04

Flower Herbarium 05

Flower Herbarium 06 07

Flower Herbarium 08

Flower Herbarium 09

Flower Herbarium 10

Flower Herbarium 11

Lineup

Flower Herbarium 12

Flower Herbarium 13

Leaf Herbarium 14

Leaf Herbarium 15

Leaf Herbarium 16

Leaf Herbarium 17 18

Leaf Herbarium 19

Leaf Herbarium 20

Leaf Herbarium 21

Fruit Herbarium 22 23

Fruit Herbarium 24

Fruit Herbarium 25

Fruit Herbarium 26

Fruit Herbarium 27

Fruit Herbarium 28

Fruit Herbarium 29

Fruit Herbarium 30

Fruit Herbarium 31

Lineup

Others Herbarium 32

Others Herbarium 33

Others Herbarium 34

Others Herbarium 35 36

Others Herbarium 37

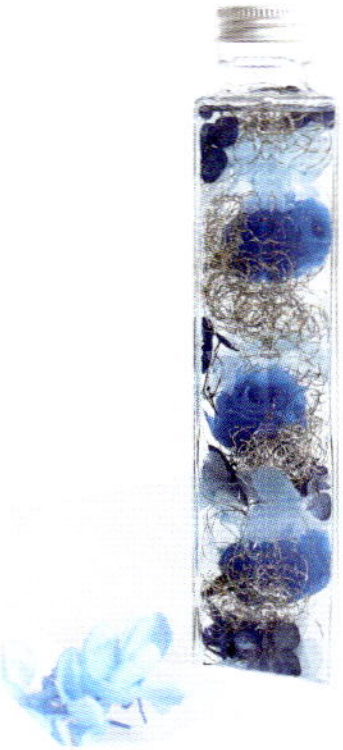

Others Herbarium 38

Others Herbarium 39

Others Herbarium 40

Contents

Contents

ハーバリウムの基本

Herbarium

Basis

ハーバリウムに必要な材料って何?
花材やボトルってどんなものがあるの?
ハーバリウムを作り始める前に基本的な部分を押さえていきましょう。

03
ハーバリウム
専用オイル
HERBARIUM
LA·FLEUR《ラ・フルール》
04
01
02
05

Basis
tools

基本の道具

01　ボトル　bottle

ハーバリウム用のボトルとしてさまざまな形のものが販売されています。専用ボトルを使うのが一般的ですが、空きボトルやお気に入りの形のもので作ることも可能です。その際液漏れがないことをしっかりと確認しましょう。本書では、藤久株式会社のボトルを使用しています。

02　花材　flower

中に入れる花や葉、実のことで、プリザーブドフラワーやドライフラワーなどを使うのが一般的です。フルーツなども含め種類や色も多く販売しています。必ず水分のない、ドライのものを使用してください。本書ではHERBARIUM「LA・FLEUR（ラ・フルール）〈藤久株式会社〉」の花材を使用しています。

03　ピンセット　tweezers

花材をボトルの中に入れるときに使用します。ロングボトルなどを作るときに下まできちんと届くよう、長めのものを使用してください。

04　ハーバリウム用オイル　oil

ハーバリウムをつくる際の専用のオイルです。花を長期保存するためのもので、本書ではハーバリウム専用オイル「LA・FLEUR（ラ・フルール）〈藤久株式会社〉」を使用しています。

05　ハサミ　scissors

花材の余分な部分をカットするのに使用します。切れ味の良いものを準備しましょう。

※掲載しているボトル・オイル・花材についてのお問い合わせはP.112をご覧ください。

花材

ハーバリウムの花材には、プリザーブドフラワーやドライフラワーを使っています。
花だけでなく、ハーブやフルーツなど種類は多岐にわたります。
お気に入りの花材を見つけて、とっておきの一本を作りましょう。
ここでは、基本的な花材を紹介します。

アジサイ

Hydrangea

ハーバリウムの基本の花材のひとつ。色数も多く、初めての人はアジサイから作り始めるのがおすすめです。作品の色味を決めるベースカラーの役割をします。また、オイルがアジサイに沁みてくると花脈が際立ち、作品の雰囲気が変わります。時間の変化を楽しめる花材です。

麦わら菊

Straw Hat Chrysanthemum

中〜大のサイズ感の花なので、アクセントとしておすすめの花材。色味も豊富なのでどんな作品とも組み合わせやすく、ひとつ入っているとワンポイントとしての役割を果たすので、作品にメリハリが出やすくなります。大小の微妙なサイズの違いを楽しめます。

サゴ

Sago

実の部分だけを短くカットして小さめの花材として使ったり、そのままリボンなどでくくって一輪挿しにしたりと、メインとしてもサブとしても、様々な用途で使えます。ぷちぷちとした実のような見た目なので、全体的にポップな作品にまとめられます。

Basis flower

アスパラ

Asparagus

細く細かい水草のような見た目で、メインを引き立たせるような使い方をするとやわらかい雰囲気になります。幅が広いので単品でそのまま使ってあげるのもおすすめ。細かく壊れやすいので、オイルを入れたときにクズが残らないように注意。

ストレンギア

Strength Gear

カラフルな木の実のような見た目の花材で、背の低いボトルの中に入れると、シックで大人の雰囲気でまとまります。毛のような花部分が特徴。枝や花の部分が壊れやすいので、オイルを入れたときに折らないように注意。

フェザースモーク

Feather Smoke

綿のようなふわふわとした見た目の花で、ロングボトルを選ぶとよく映えます。大振りの花材と合わせれば引き立て役としても機能し、全体的にやさしい穏やかな雰囲気の作品になりやすくなります。細かい花なので、オイルを入れたときに注意しましょう。

ボトル

ここでは基本的なボトルの紹介をします。形によって特徴や印象が異なるので、
作りたい雰囲気の作品や花材に合わせて選びましょう。

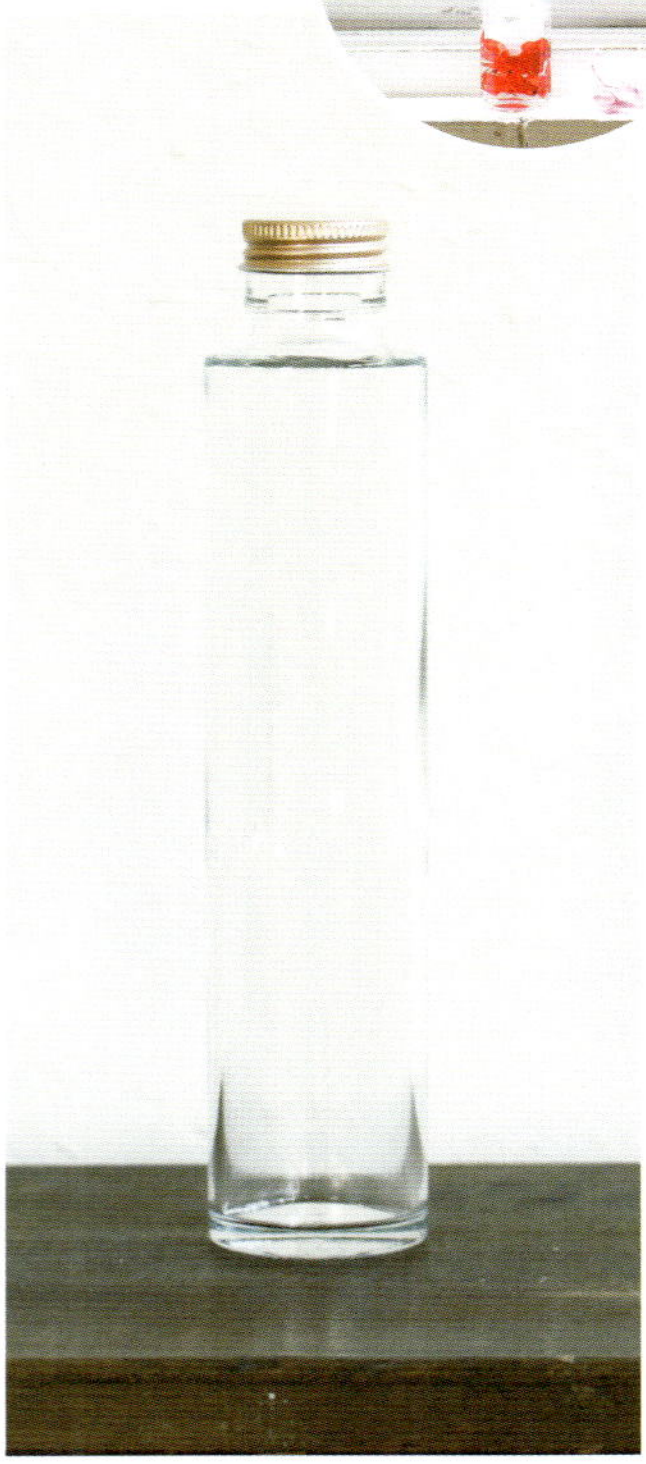

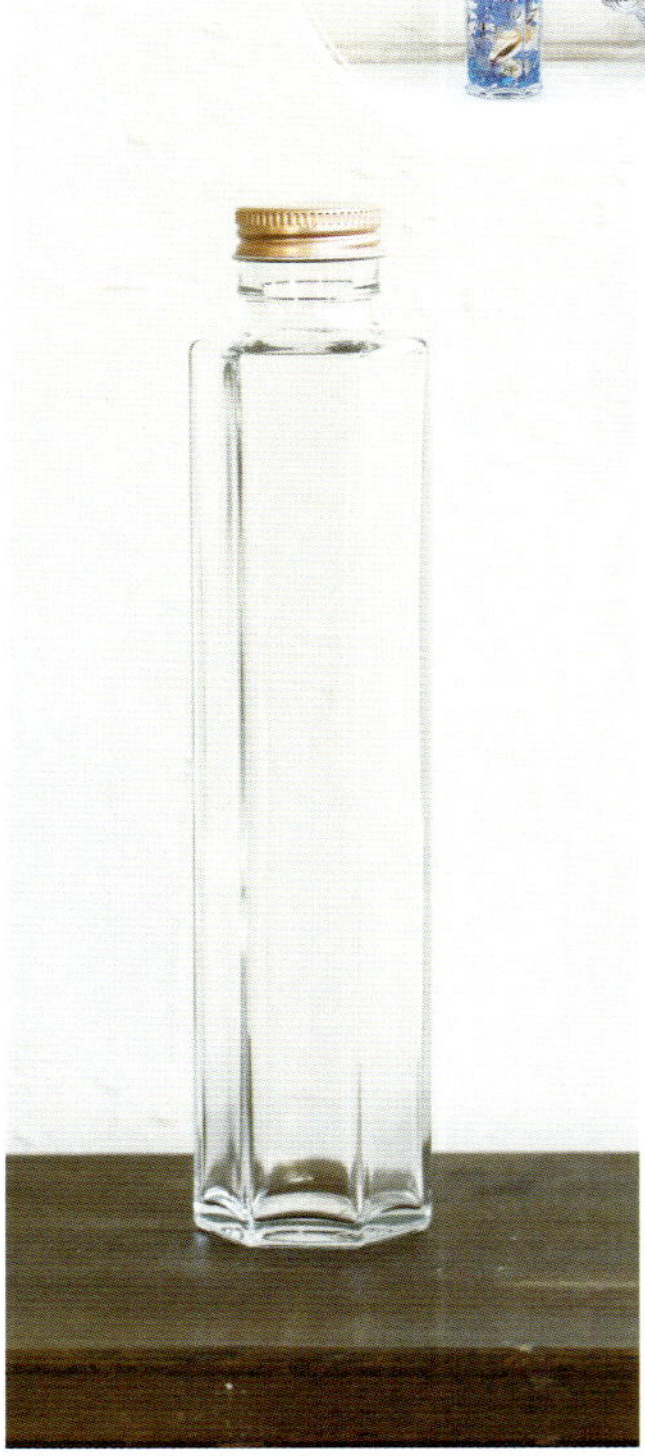

丸ロングボトル

Round Long Bottle

ベーシックな形のボトルで、どんなデザインとも合います。膨張して見えるので、アジサイのようなふわふわとした作品は、より一層華やかに見えます。

四角ロングボトル

Square Long Bottle

ベーシックな形のボトルで、どんなデザインともマッチします。すっきりまとまってみえるので、特に標本系や一輪挿しのようなかっちりとしたハーバリウムにおすすめ。

六角ロングボトル

Hexagon Long Bottle

クリスタルのような印象を受けるボトルで、特にカラフルな色合いやパールなどの華やかなものに合います。出来上がりはゴージャスな雰囲気になります。

Basis bottle

テーパーロングボトル

Tapered Long Bottle

上に行くにつれすぼまっていく円錐形のボトルで、アジサイをメインにした作品によく合います。1本だけでも存在感のある作品に仕上がります。

しずくボトル

Droplet Bottle

下部に広さがあるため花材の配置が難しいですが、その分世界観の作りやすいボトルです。内容量が多いので、花材を多めに入れる必要があります。

ウイスキーボトル

Whiskey Bottle

奥行きはあまりなく左右に広がった形で、花材の配置は難しいですが、大人っぽい雰囲気にできるボトルでもあります。特に、実やくだもの類によく合います。

基本の作り方

ハーバリウムの基本的な作り方を学びましょう。
初めての方は、まずは基本のアジサイとかすみ草を使うのがオススメ。
基本ができたら、自分の好きなデザインにチャレンジしてみましょう。

Step 1

デザインを決める

ボトルを横に置き、花材を並べながらデザインを決めます。オイルを注いだときのことを考えながら花材を選びます。

｛使用花材｝

アジサイ：ブルー・ホワイト・パープル

かすみ草：ゴールド・ホワイト

Step 2

花材を整える

花材の余分な部分をハサミなどを使ってカットします。完成後の美しさに関わってくるので、きちんと処理しましょう。

Step 3 Point

花材を入れる

ピンセットを使ってボトルの1/3の位置まで花材を入れます。このとき、ボトルによっては正面になる面を意識しながら花材を入れます。

Step 4 Point

オイルを注ぐ

花材に直接オイルが当たらないように、ボトルの壁面に沿うようにオイルを注ぎます。花材が動かないよう慎重に入れましょう。

Step 5

正面から確認する

オイルを1/3まで注いだら、正面から全体のバランスを確認します。必要に応じて微調整をしましょう。

Step 6

花材を入れる

Step3と同じ要領でボトルの2/3の位置まで花材を入れ、オイルを注ぎます。

Step 7

ボトルの首元まで花材を入れる

ボトルがいっぱいになるまで花材を入れます。

Step 8

オイルを注いで気泡を抜く

ボトルの首元までオイルを注いだら、気泡が抜けるまでキャップをせずに少し待ちます。必要に応じてオイルを足しましょう。

Step 9

完成

ボトルのキャップを閉めて完成です。オイルが漏れ出さないようにしっかりと閉めましょう。

Point

Step3

3回に分けて作る

花材とオイルを3回に分けて入れることで、オイルを注いだあとの微調整がしやすくなります。ロングボトルのときは、このように複数回に分けて入れるのがオススメ。

Step 4

オイルを注ぐとき

花材に直接オイルが当たってしまうと、重みで花材が潰れてしまいます。そのため、ボトルの壁面に沿わせるようにオイルを注ぎます。

動画で作り方を
確認してみましょう!

一輪挿しの作り方

ハーバリウムをはじめたら、一度は作りたくなるのが一輪挿しのハーバリウム。
大きな花材が浮かないための簡単なコツなどをつかめば、表現の幅が広がります。

Step 1

Point

デザインを決める

ボトルを横に置き、花材を並べながらデザインを決めます。オイルを注いだときのことを考えながら花材を選びます。

｛使用花材｝

アジサイ：ホワイト・グリーン・
　ライトグリーン
かすみ草：ゴールド
スケルトンリーフ
ソフトストーベ

Step 2

花材をカットする

ソフトストーベを瓶のサイズに合わせ、余分な部分をハサミなどを使ってカットします。完成後の美しさに関わってくるので、きちんと処理をしましょう。

Step 3

ボトルの下部にアジサイ・かすみ草を入れる

ピンセットを使ってアジサイとかすみ草を入れます。このとき、正面になる面を意識しながら花材を入れます。

Step 4

ソフトストーベ・スケルトンリーフを入れる

ソフトストーベを茎の部分が下部に入れた花材にしっかりと引っかかるように入れます。さらにスケルトンリーフを後ろに入れ、安定させます。

Basis
make

Step 5

花材を整える

オイルを入れたときに花材が動かないかなどを確認しながら、細かい部分を調整します。

Step 6

Point

オイルを注ぐ

花材に直接オイルが当たらないように、ボトルの壁面に沿うようにオイルを注ぎます。花材が動かないよう慎重に入れましょう。

Step 7

気泡を抜く

花材から気泡が出てくる場合は、気泡が抜けるまでキャップをせずに少し待ちます。必要に応じてオイルを足しましょう。

Step 8

完成

ボトルのキャップを閉めて完成です。オイルが漏れ出さないようにしっかりと閉めましょう。

Point

Step 1

花材の置き方

オイルを注いだときに一輪挿しが浮いてこないよう、ボトルの下部にアジサイなどの花材を置き、ひっかけます。一輪挿しの茎が細かったりするとうまく引っかからない場合がありますが、そのときはリボンなどを結んで重さを出したりすると安定します。ここでは、スケルトンリーフが固定の役割をしています。

Step 6

オイルを注ぐとき

花材に直接オイルが当たってしまうと、重みで花材が潰れてしまいます。そのため、ボトルの壁面に沿わせるようにしてオイルを注ぎます。

Column 01

ハーバリウムで使われる さまざまな花材

ハーバリウムの決め手といえば、やはり花材。どんな花材を、どのように、どの色で組み合わせて使うかは、ハーバリウムを作る上でとても重要で、そして楽しいところでもあります。

しかし、はじめたばかりだとハーバリウムに使う花材の種類が多く、どんな花材を使えば良いのか分からないということも多いでしょう。そこで、本書で紹介した花材以外のもので、一般的で使いやすい花材を紹介します。

かすみ草

かすみ草は、花材が動かないための押さえの役割をします。ただ花材を入れただけだと、オイルを注いだときに花材が動いてしまいうことがあります。かすみ草は、それらの花材を固定させ、浮かないようにする役割をします。色数も多いので、初めての人にぜひおすすめしたい花材のひとつです。

ポアプランツ

ポアプランツは、実の部分だけを使ってアクセントに使うのも、茎の部分まで残して一輪挿しに使うのも、どちらにも使える花材です。コロンとした形はどの花材とも相性が良く、カラーも豊富で汎用性の高い花材のひとつです。

ドライフルーツ

オレンジやイチゴなどが一般的ですが、その他にもブルーベリーやキウイなど、種類は多岐にわたります。ドライフルーツはそれだけでワンポイントになるので、とってもオススメ。カラーに合わせてお好きなものを選んでみては。

花のハーバリウム

Herbarium

Flower

ハーバリウムの一番ベーシックになる楽しみ方は、
たくさんの花を使った花のハーバリウム。使う花材やアイテムによっては、
表現の幅は無限大。自分の好きな花材を選んで、とっておきの作品を作りましょう。

Flower Herbarium 01
Flower Herbarium 02

Flower

Flower Herbarium 01

ハーバリウムの基本となる
アジサイをふんわり重ねた
ハーバリウムボトル。
ポイントにシルバーデイジー
ホワイトを添えて。

flower

アジサイ：ホワイト・グリーン・
グレイブルー
かすみ草：ホワイト・ゴールド
シルバーデイジー

bottle / tools

丸ロングボトル

size

幅　：45 mm
高さ：214 mm

make

1. 花材の色を考えながら並べます。
2. 大きさ、枝に注意しながらピンセットを使ってふんわりとボトルの1/3まで入れます。
3. だいたい1/3くらいになったら、オイルを花材の指1本下あたりまで入れます。
4. 1/3ずつ花材、オイルを繰り返して入れ、完成です。

Point
基本の作り方をベースにして、シルバーデイジーをワンポイントにします。

Flower Herbarium 02

お気に入りのお花を
たくさん詰め込んだ、
楽しさ満載のボトル。
失敗が少ないボトルなので、
きっとお気に入りの一本ができるはず。
初心者にもオススメです。

flower

アジサイ：ピンク・ホワイト・パープル
アスパラ：ラベンダー
サゴ：ピンク
麦わら菊：オレンジ・ピンク
かすみ草：ピンク

bottle / tools

しずくボトル

size

幅　：72 mm
高さ：135 mm

make

1. 1〜2cmくらいの高さになるまでアジサイを入れたらオイルを入れます。
2. *1*より濃い色のアジサイを間に入れ、アクセントにします。
3. アスパラ、サゴ、麦わら菊をアジサイの上に乗せてオイルを注ぎ足します。
4. 花材をピンセットで調整し、花材が動かないよう押える感じで最後にかすみ草を入れたあとオイルを入れます。

Point
下の方に大きめの花材、上の方に向かってだんだん小さい花材を入れていくと◎

Flower Herbarium 03

花材を逆さに入れたシンプルなボトル。
お好きな色のリボンや紐で固結びしたり、
リボン結びなどにして結び目を
ポイントにして見せるのも素敵です。

flower

サゴ：ブルー

bottle / tools

テーパーロングボトル
麻紐

size

幅　：59 mm
高さ：220 mm

make

1. 入れたい花材を瓶の横に置き、バランスを考えます。
2. 花材をカットし、長さを調整します。
3. 花束の元となる部分を、紐でキツく巻き固結びします。
4. 花材をゆっくり瓶の中に入れ、オイルを注ぎ入れます。

Point

小花や実がたくさんついている花材を入れるときは、間引きするとバランスが良くなります。

flower

アジサイ：ブルー・ホワイト
麦わら菊：ソフトピンク
かすみ草：ホワイト

bottle / tools

しずくボトル

size

幅　：72 mm
高さ：135 mm

make

1. アジサイとかすみ草を入れます。
2. 麦わら菊をバランス良く配置します。
3. アジサイとかすみ草を残りの空間に入れます。
4. お好みでチャームやリボンを付けます。

Point
基本の作り方をベースに麦わら菊をアクセントにします。

癒し効果のある
ブルー系の色でまとめました。
光でライトアップして
寝室に置くのもおすすめです。

Flower Herbarium 04

Flower Herbarium 05

Flower

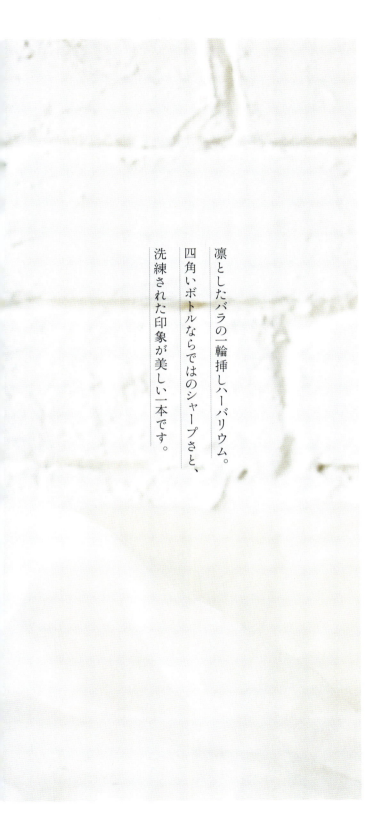

凛としたバラの一輪挿しハーバリウム。
四角いボトルならではのシャープさと、
洗練された印象が美しい一本です。

flower

アジサイ：ホワイト・グリーンパープル
かすみ草：プラチナ
バラ
シサル

bottle / tools

四角ロングボトル

size

幅　：40 mm
高さ：214 mm

make

1. 花材の色を考えながら並べます。ボトルの底には必ずアジサイを使いましょう。
2. アジサイの大きさに注意しながら、かすみ草と一緒にピンセットを使ってボトルにふんわりと重ねていきます。
3. バラを入れ、シサルを使って固定します。
4. 一輪挿しが浮かないように注意しながら、オイルを注いで完成です。

Point
四角ボトルは見せる面が決まっているので、正面を意識して花材を入れます。枝ものの先端は後ろ側に置きましょう。

Flower Herbarium 06

Flower Herbarium 07

Flower Herbarium 06

七色のアジサイを
虹色の順番に並べました。
カラフルで気持ちが
明るくなるような
ハーバリウムです。

flower

アジサイ：パープル・ピンク・オレンジ・イエロー・グリーン・パステルブルー・ブルー
かすみ草：レッド・グリーン・ブルー・ゴールド

bottle / tools

六角ロングボトル

size

幅　：49 mm
高さ：214 mm

make

1. ボトルの下から順番にアジサイとかすみ草を入れます。
2. ゴールドのかすみ草を3～4カ所、ポイントに入れます。
3. オイルを入れてきつく蓋を閉めます。

Point
ゴールドのかすみ草をポイントにしています。

Flower Herbarium 07

アジサイの海に揺られて、
ボトルに集まる
花びらの貝をイメージ。
アジサイのカラーを替えると
ガラッと雰囲気が変わります。

flower

アジサイ：ブルー・ホワイト
麦わら菊：ソフトピンク
アスパラ：グリーン・ラベンダー

bottle / tools

丸ロングボトル

size

幅　：45 mm
高さ：214 mm

make

1. アジサイを丁寧に入れます。
2. アスパラをアジサイに差し込むように入れます。
3. 麦わら菊をアスパラに引っ掛けるように入れます。
4. 同じ要領で2回繰り返します。

Point
花材がうごかないように、アスパラに麦わら菊をひっかけて固定します。

Flower Herbarium 08

いちばん濃い色のアジサイを下に入れ、
あとは好きな色を好きな順番で
ボトルに入れていくだけ。
少なめのお花の隙間から
光をたくさん取り込んで。

Flower

すっきりお花を見せながらも、
豪華にも見せられるロングボトルの
空間静止技法。
裏側のアジサイとかすみ草は
葉をイメージしました。

Flower Herbarium 09

Flower Herbarium 08

flower

アジサイ：レッド・ホワイト・ブルー・ピンク・パープル

bottle / tools

丸ロングボトル

size

幅　：45 mm
高さ：214 mm

make

1. アジサイ少量を茎から割くようにちぎります。
2. 太く目立つ余分な茎はハサミでカットします（少量ならOK）。
3. 1色入れるごとにオイルをアジサイの少し上まで入れ、バランスを見てアジサイをピンセットでつまみ、上に引っ張りふんわりとさせます。

Point
1色入れるごとにお花より少し上までオイルを入れてから花をピンセットでつまんで動かすと、程よく光が入るよう隙間ができます。

Flower Herbarium 09

flower

アジサイ：レッド・ピンク
千日紅：パープル・ホワイト
かすみ草：ホワイト・パープル

bottle / tools

四角ロングボトル
透明シート
接着剤

size

幅　：40 mm
高さ：214 mm

make

1. 瓶に合わせて透明シートをカットします。
2. 接着剤を使用して透明シートに花材を貼り付けます。
3. 表に貼った接着剤が乾いたら、裏側も同じように接着剤を使用して花材を貼ります。
4. 裏面も接着剤が乾いたらボトルの中にそっと差し込み、オイルを入れます。

Point
片方が重いと手前に透明シートが傾いてしまったりするため、面に貼る花材と裏側に貼る花材は同じ重さになるようにします。

Flower Herbarium 10

flower

アジサイ：グリーン・ホワイト
アスパラ：ピンク
押し花：ムルチコーレ イエロー

bottle / tools

四角ロングボトル

size

幅　：40 mm
高さ：214 mm

make

1. アジサイを入れます。
2. アジサイにアスパラを差し込むように入れます。
3. アスパラに押し花をひっかけるように入れます。
4. 同じ要領で2回繰り返します。

Point
アスパラに押し花をひっかけて固定します。
押し花は繊細で壊れやすいので、取り扱いに注意します。アスパラの上に置いて、滑り落ちるのを防ぎます。

春の香りをとじ込めた、やさしい色合いの花たちです。
ふんわり柔らか暖かいムルチコーレの花言葉は
「誠実なあなたでいて」

Flower Herbarium 10

flower

アジサイ：ホワイト・パープル・ブルー
麦わら菊：ソフトピンク
かすみ草：ホワイト

bottle / tools

幅広角瓶
ラタンスティック
ソーラーフラワー
フレグランスオイル（無色）

size

幅　：67 mm
高さ：80 mm

make

1. 花材をランダムにボトルに入れます。最後にラタンスティックを挿すので小さめの花材を使用します。
2. ボトルの7割ほど花材を入れ、ハーバリウムオイルをボトルの8割ほど注ぎます。
3. ハーバリウムオイルの5～10%を目安にフレグランスオイルを入れます。
4. ソーラーフラワーでボトル口を飾り、ラタンスティックを数本挿します。

Flower Herbarium 11

ルームフレグランスになる
実用性のあるハーバリウムです。
お好みの香りの
フレグランスオイルを入れれば、
特別な一本に。

Point
アロマオイルを入れるとハーバリウムオイルが濁りやすくなります。また、内容液にエタノールが含まれていると花材が色落ちしやすくなるので注意が必要です。花材は固定できないため、流動します。

カラフルな宝石が埋まった、ちょっと不思議な鉱石をイメージ。
アジサイを前面にも出すと、より幻想的なイメージになります。

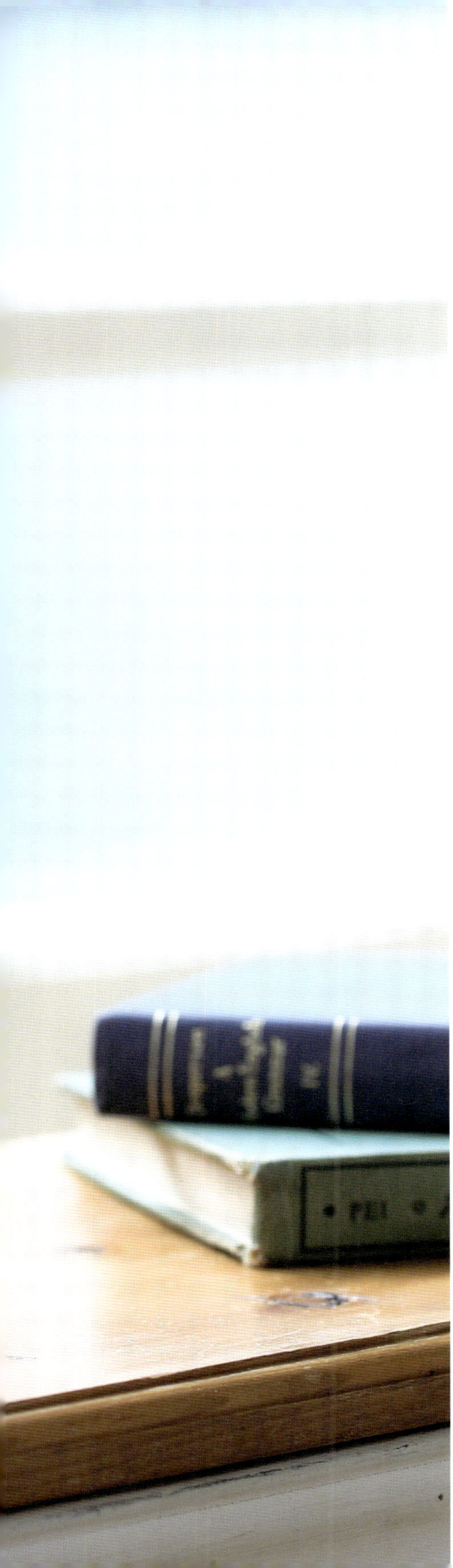

Flower Herbarium 12

flower

アジサイ：ホワイト
ストレンギア：レッド・ピンク・イエロー・ブルー・グリーン

bottle / tools

六角ロングボトル
透明シート

size

幅　：49 mm
高さ：214 mm

make

1. ボトルに合わせた透明シートにストレンギアを貼り付けます。
2. 接着面の裏側にアジサイを貼って隠します。
3. ボトルに透明シートを差し込みます。
4. 透明シートの裏面にアジサイを散らし、オイルを注ぎ入れます。

Point
空間静止技法（P.044）を使い、重めの花材で
あるストレンギアが沈まないように固定します。

鮮やかなブルーが素敵なハーバリウム。
ホワイト、ピンク、イエローのアジサイと、
ピンクのシルバーデイジーがおしゃれなアレンジです。

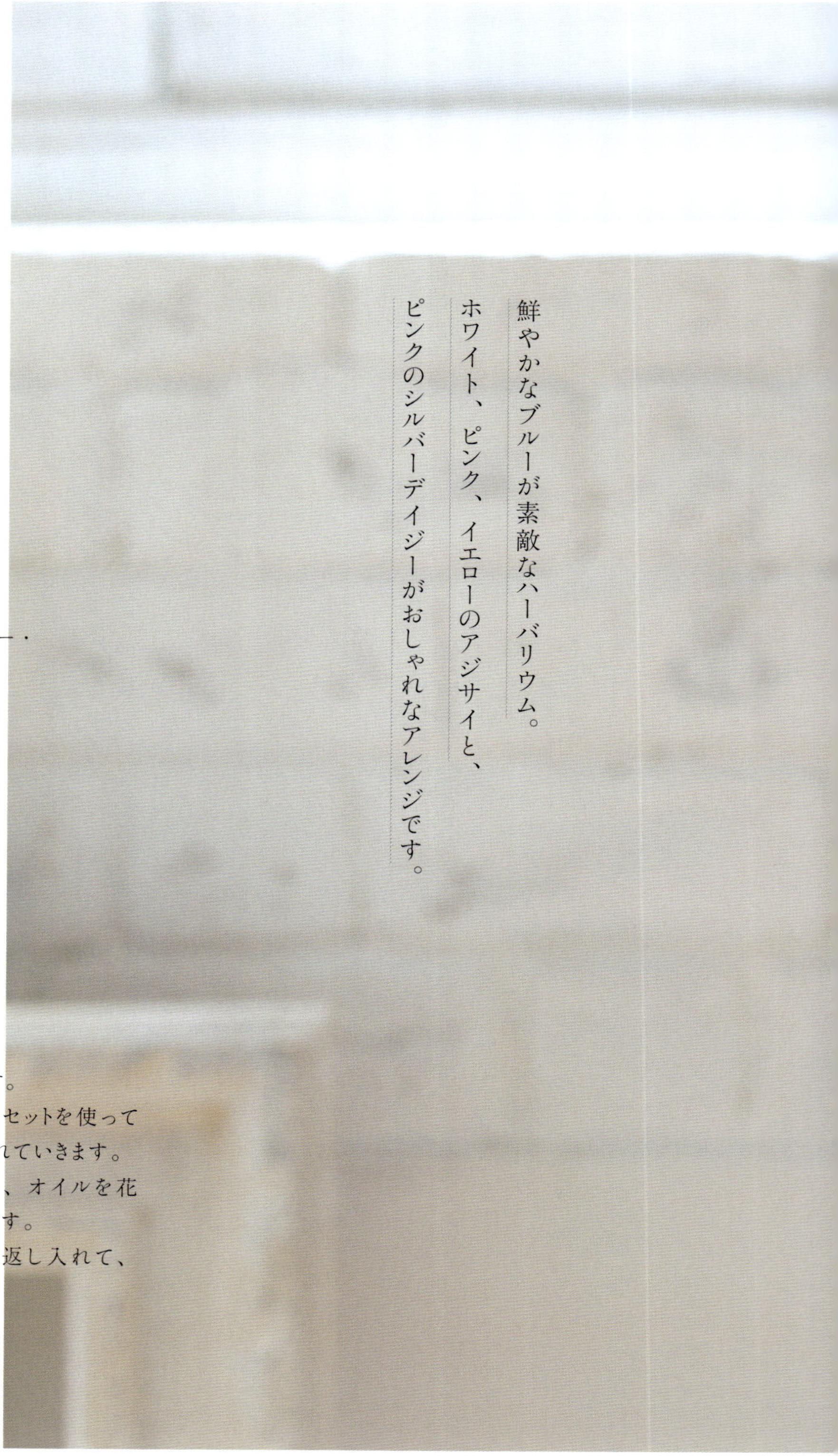

flower

アジサイ：ホワイト・ライトブルー・ピンク・イエロー
かすみ草：シルバー・ブルー
シルバーデイジー：ピンク
スターチス

bottle / tools

テーパーロングボトル

size

幅　：59 mm
高さ：220 mm

make

1. 花材の色を考えながら並べます。
2. 大きさ、枝に注意しながらピンセットを使ってふんわりとボトルの1/3まで入れていきます。
3. だいたい1/3くらいになったら、オイルを花材の指1本下あたりまで入れます。
4. 1/3ずつ花材、オイルを繰り返し入れて、完成です。

Point
基本の作り方をベースにして、色味やワンポイントを使ってオリジナリティを出しましょう。

Flower Herbarium 13

Herbarium Technique

空間静止技法

まるでボトルの中でお花が浮いているように見える空間静止の技法。
この方法を使うことで、ハーバリウムのアレンジの幅が広がります。
基本を押さえて、自分だけのオリジナル作品を作ってみましょう。

Technique

{ 必要な道具 }

・ハーバリウムの基本的な道具（P.015参照）
・透明シート
・接着剤（透明のもの）

Step 1

デザインを決める

ボトルを横に置き、花材を並べながらデザインを決めます。Step5で丸めながら入れることを考え、花材が一ヶ所に固まらないようにしましょう。

Step 2

透明シートをカットする

透明シートをボトルの大きさにカットします。小さすぎるとボトルの中で動いてしまうので注意しましょう。

Step 3

花材を透明シートに貼る

接着剤を使って花材を透明シートに貼り付けます。使用する接着剤は透明になるものを使用しましょう。透明シートが汚れるとオイルを入れたときに目立つので要注意。

Step 4

花材を乾かす

透明シートに貼り付けた花材を乾かします。時間をかけてしっかりと乾かしましょう。その際ドライヤーなどを使ってもOKです。

Step 5

ボトルに入れる

乾かした透明シートをボトルの中に入れます。花材が壊れないようにボトル口に合わせて慎重に曲げ、ゆっくり丁寧に入れます。

Step 6 Point

オイルを注ぐ

花材に直接オイルが当たらないように、ボトルの壁面に沿うようにオイルを注ぎます。花材が動かないよう慎重に入れましょう。

Step 7

気泡を抜く

花材から気泡が出てくる場合は、気泡が抜けるまでキャップをせずに少し待ちます。必要に応じてオイルを足しましょう。

Step 8

完成

ボトルのキャップを閉めて完成です。オイルが漏れ出さないようにしっかりと閉めましょう。

Point

花材の使用量

ボトル口から入れるときのことを考慮しながら花材の使用量を決めましょう。あまりたくさん使用するとボトル口から入らないので要注意。場合によっては、透明シートを2枚に分けるのもオススメです。

Step 6

オイルを注ぐとき

花材に直接オイルが当たってしまうと、重みで花材が沈んでしまいます。そのため、ボトルの壁面に沿わせるようにしてオイルを注ぎましょう。

＼ 動画で作り方を確認してみましょう! ／

Column 02

まるで魔法の花？

プリザーブドフラワー

「花を長く楽しみたい。」

そんな思いから、プリザーブドフラワーは生まれました。

プリザーブドフラワーの歴史はまだまだ浅く、1990年代のフランスで研究開発が進められたのがはじまりです。フランスやロンドンで徐々に人気を集め、その後日本に輸入されます。2000年代に入ると日本国内でも一般化されていき、水やりの必要もなく、花本来のそのままの美しさを長く楽しめる魔法の花として人気を博していきます。

花を特殊な液体に漬け、花の水分を抜くことでそのままの美しさを保つプリザーブドフラワーは、半永久的に枯れない花として紹介されがちですが、きれいな状態を楽しめるのは約1〜2年ほど。その間、紫外線や高温多湿はできるだけ避けたりするなどの配慮が必要です。

駅やショッピングモールなど、至る所で見るプリザーブドフラワーですが、まだまだ発展途上で、今後の展開に期待できます。身近に取り入れやすい植物として、ぜひプリザーブドフラワーを楽しんでみてください。

葉のハーバリウム

Herbarium

Leaf

本来の意味である植物標本らしいボトルになりやすい、グリーンのハーバリウム。
リラックス効果たっぷりのグリーンカラーは、
自宅はもちろんのこと、オフィスなどにもぴったり。
ストレスを軽減するリラックス効果の高い色合いです。

Leaf Herbarium 14

草原をイメージした一輪挿しのハーバリウムは、
ティートリーの美しさが引き立ちます。
配置の際は正面を意識して。

透け感のある葉脈を生かした、
さわやかな色合いのハーバリウム。
ハートの形が可愛らしいハートリーフを
バランス良く配置しました。

Leaf Herbarium 15

Leaf Herbarium 16

シンプルだけれど花材がとてもきれいに見えるボトル。
使っているのは全部で三つの花材のみ。
色の使い方でオリジナリティを。

Leaf Herbarium 14

flower

アジサイ：グリーン
アスパラ：ライトグリーン
ティートリー：ブルー
かすみ草：グリーン
シャワーグラス
リンフラワー

bottle / tools

テーパーロングボトル

size

幅　：59 mm
高さ：220 mm

make

1. ボトルの底にアスパラ、アジサイ、かすみ草を入れます。
2. ティートリーを中心に入れます。
3. シャワーグラス、リンフラワーをティートリーの周りにバランス良く入れます。

Point
ティートリーの足元にアスパラ、アジサイ、かすみ草を入れて花材が動かないようにします。

Leaf Herbarium 15

flower

アジサイ：ホワイト・グリーン・ブルー
かすみ草：ホワイト
ハートリーフ

bottle / tools

四角ロングボトル

size

幅　：40 mm
高さ：214 mm

make

1. アジサイ、かすみ草を交互に入れます。ポイントにブルーのアジサイを入れます。
2. アジサイを入れながらハートリーフを入れます。
3. ハートリーフはアジサイやかすみ草に引っかかるように、全体のバランスを見ながら入れます。

Point
ハートリーフをボトルの正面に沿わせるように配置します。また、グリーンに対してブルーのアジサイをポイントに使うことで、さわやかさを出します。

Leaf Herbarium 16

flower

ニゲラ：ブルー
ラスカス：グリーン

bottle / tools

四角ロングボトル

size

幅　：40 mm
高さ：214 mm

make

1. ボトルの横に入れたい花材を並べてバランスを考えます。
2. 入れたいバランスで花材をカットします。
3. 1つずつボトルの中に花材を全て入れ、オイルを注ぎます。

Point
ニゲラは浮きやすい花材なので、上手くラスカスの葉の間にひっかかるように入れましょう。

Leaf Herbarium 17

Leaf Herbarium 18

Leaf Herbarium 17

季節を問わず、
和風のお部屋にぴったりのボトル。
花だけでなく、
葉と実でスワッグ風にしてあげることで、
個性的なハーバリウムの完成です。

flower

ペッパーベリー：レッド
小麦：ナチュラル
千日紅：パープル
イモーテル：ホワイト
レザーファン

bottle / tools

四角ロングボトル
麻紐

size

幅　：40 mm
高さ：214 mm

make

1. 小麦、レザーファン、ペッパーベリーを麻紐で結び、ボトルからはみ出る部分はカットします。
2. ボトルに入れ、オイルをボトルのキャップ下のくびれ部分まで入れます。
3. 浮いてくる小麦を指で抑えながら、麻紐を隠すように千日紅、イモーテルを入れ、残りのオイルを注ぎ足しキャップを締めます。

Point
小麦はとても浮きやすい花材なので、少し長めにカットしてキャップを締めるときに固定します。

Leaf Herbarium 18

ハーバリウムとしてチャレンジしたい
葉のアレンジ。
シンプルなグリーンの単色は場所を選ばず、
お部屋を素敵に彩ります。
男性へのプレゼントにも。

flower

ニゲラオリエンタル
ラスカス：グリーン、ライトグリーン

bottle / tools

四角ロングボトル

size

幅　：40 mm
高さ：214 mm

make

1. 花材の色を考えながら並べます。
2. 葉の長さのバランスを整えながら配置を決めます。
3. ボトルの下になるものから順番に重ねて完成です。

Point
一輪挿しの要領で、それぞれの葉をお互いに引っ掛けて固定します。

Leaf Herbarium 19

長い葉をくるっとボトルに閉じ込めた
曲線を生かした一輪挿しアレンジ。
偶然が作り出す葉の豊かな表情で、
世界にたったひとつだけの
オリジナルボトルの完成です。

Leaf Herbarium 20

暖かな日差しの中、
隠れたラッキーリーフを探そう。
幸せは自分で見つけるもの。
一つ見つければその近くにまた一つ。
最初の幸せを見つけることが大事。

Leaf Herbarium 19

flower

ベアグラス
ポアプランツ
ソフトストーベ

bottle / tools

四角ロングボトル

size

幅　：40 mm
高さ：214 mm

make

1. 花材の色を考えながら並べます。
2. ポアプランツ、ソフトストーベの順に浮きやすいものから入れます。
3. 最後にベアグラスを丸めて入れ、オイルを注ぎます。

Point

空間静止の技法は使わず、花材をしっかりとそれぞれにひっかけることで固定します。

Leaf Herbarium 20

flower

アジサイ：ホワイト・グリーン
フラワーペタル：イエローグリーン
ラッキーリーフ

bottle / tools

六角ロングボトル
透明シート

size

幅　：49 mm
高さ：214 mm

make

1. ボトルに合わせた透明シートにラッキーリーフとフラワーペタルを貼ります。
2. 接着面の裏側をアジサイを貼って隠します。
3. ボトルに透明シートを入れます。
4. 空いたスペースにアジサイを散らします。

Point

フラワーペタルにアジサイを混ぜて、よりリアルな質感に見せます。ラッキーリーフは割れやすいので取り扱いに注意。

Leaf Herbarium 21

flower

アジサイ：グリーン
フェザースモーク：ブルー
アイスランドモス
スプリンググリーン
スケルトンリーフ

bottle / tools

しずくボトル

size

幅　：72 mm
高さ：136 mm

make

1. ボトルの底にモスを入れます。
2. スケルトンリーフを入れモスの下に少し挟みます。
3. フェザースモークをモスに挿します。
4. 空いたスペースにアジサイを散らします。

Point

モスをしっかり詰めて、スケルトンリーフやフェザースモークを固定します。アジサイは浮いてしまってかまいません。

Leaf

みどりの風が巡る自然そのままの
ナチュラルな素材たち。
森の一部を切り取ったボトルで、
お家の中でも森林浴気分を満喫。

Leaf Herbarium 21

Herbarium Technique

二層にする（カラーオイル）技法

透明の液体の中に入った花材がキラキラと美しいハーバリウムですが、
お気に入りのカラーを入れてあげることで、不思議な空間ができあがります。
花材だけでなく、オイルの色でも遊んでみましょう。

Technique

｛ 必要な道具 ｝

・ハーバリウムの基本的な道具（P.015参照）
・精製水
・アイシングカラー

Step 1

デザインを決める

ボトルを横に置き、花材を並べながらデザインを決めます。

Step 2

精製水を入れる

色をつけたい部分まで精製水を入れます。花材が水を吸う場合があるので。あまり精製水の量が多すぎないように注意しましょう。

Step 3

精製水に色を付ける

アイシングカラーを使って色をつけます。アイシングは少量でも着色するので、入れる量には注意しましょう。

Step 4

アイシングカラーを混ぜる

アイシングカラーと精製水をしっかりと混ぜ合わせます。

Step 5

花材を入れる

花材をボトルに入れます。水を吸ったり膨らんだりする花材もあるので、それらは上部のオイル側に入れましょう。

Step 6

Point

オイルを注ぐ

花材に直接オイルが当たらないように、ボトルの壁面に沿うようにオイルを注ぎます。花材が動かないよう慎重に入れましょう。

Step 7

気泡を抜く

花材から気泡が出てくる場合は、気泡が抜けるまでキャップをせずに少し待ちます。必要に応じてオイルを足しましょう。

Step 8

完成

キャップをしっかりと閉じて、完成です。

Point

鑑賞期間

精製水を使用したハーバリウムの鑑賞期間は、オイルのみのものと比べて短めです。過度に動かしたりしないよう慎重に扱いましょう。

Step 6

オイルの注ぎ方

花材に直接オイルが当たってしまうと、重みで花材が沈んでしまいます。そのため、ボトルの壁面に沿わせるようにしてオイルを注ぎます。

Column 03

花材を自分で作ってみよう！
ドライフラワー

「いただいた思い出の生花や好きな花をドライフラワーにして、ハーバリウムの花材にしたい。」という方は多いと思います。ここでは、生花をドライフラワーにする方法2つをご紹介します。

1. 乾燥剤を使ってドライにする

ドライフラワー専用の乾燥剤を使って作る方法です。新鮮な花を使うことで色を鮮やかに保つことができます。花の形が崩れないように丁寧に乾燥剤の中に埋め、約1週間ほど乾燥させると完成です。

2. 吊るしてドライにする

手軽で簡単な方法としては、生花をまとめたものを、そのまま吊るして乾燥させる方法です。乾燥させる場所は、風通しがよく、湿度が低い、直射日光が当たらない場所で乾燥させるのがポイントです。季節にもよりますが、約1〜2週間ほど乾燥させれば完成です。

既製品のハーバリウム用に作られた花材ももちろん素敵ですが、自分の大切な花をインテリアとして飾るのもおすすめです。ぜひチャレンジしてみましょう。

実・くだものの
ハーバリウム

Herbarium

Fruit

花と一緒にくだものや実をつめてあげれば、フルーツボトルに大変身。
新しい季節に似合うビタミンカラーはもちろん、ワンポイントに使うことで
シックで大人の雰囲気にも。1つあれば、元気が出ること間違いなしのボトルです。

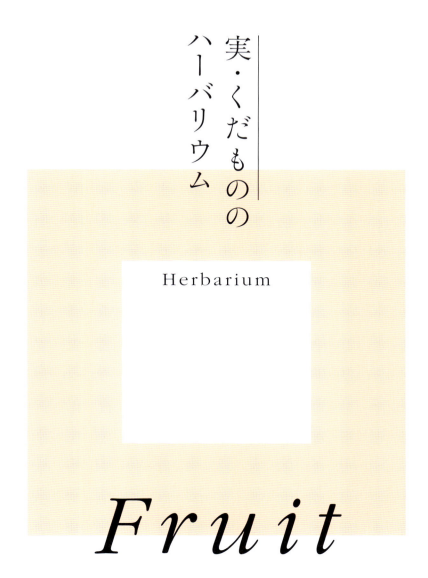

Fruit Herbarium 22

Fruit Herbarium 23

Fruit

Fruit Herbarium 22

やさしくて健康的、
ナチュラルでオーガニック。
ドライにした野菜を使った
ユニークなハーバリウムは
キッチン周りにもぴったりです。

flower

アジサイ：ホワイト
ドライトマト
ドライししとう
ドライゴーヤ
サゴ：ナチュラル

bottle / tools

四角ロングボトル
透明シート

size

幅　：40 mm
高さ：214 mm

make

1. ボトルに合わせた透明シートに野菜を貼ります。
2. 接着面の裏側にアジサイを貼って隠します。
3. ボトルに透明シートを丁寧に入れます。
4. 透明シートの裏側にサゴを入れ、オイルを注ぎ入れます。

Point

かたい野菜は切って使うと使いやすくなります。花材はナチュラルに野菜を引き立て、アジサイもあえて少なめに。

Fruit Herbarium 23

可憐をまとう甘酸っぱい香り。
ブルーのアジサイが
いちごの赤を引き立たせ、
ボトルの中に恋ごころを
ぎゅっととじ込めるようなイメージ。
色で若さを表現しました。

flower

アジサイ：ホワイト・グリーン・ブルー
アスパラ：ホワイト
ドライいちご

bottle / tools

四角ロングボトル

size

幅　：40 mm
高さ：214 mm

make

1. アジサイを入れ、ボトルの壁面に沿っていちごを立てかけます。
2. アジサイを入れアスパラを差し込みます。
3. アスパラにいちごをひっかけて固定します。
4. 同じ要領で2回繰り返します。

Point

いちごはオイルを吸うと沈みやすいのでアスパラでしっかりと固定。ボトルに沿わせるとよりきれいに見えます。

Fruit Herbarium 24

空間静止技法を使ったハーバリウムボトル。
ボトル内に花材を浮かせることで
生まれた空間に、
葉でアレンジを加えて
大人の雰囲気に仕上げました。

Fruit

flower

アジサイ：ホワイトパープル
ペッパーベリー：黒
麦わら菊：ソフトピンク
かすみ草：ゴールド
ゴアナクロー

bottle / tools

ウイスキーボトル

size

幅　：78 mm
高さ：140 mm

make

1. デザインが決まったら、ボトルの大きさに透明シートをカットします。
2. 透明の接着剤を使い透明シートに花材を貼り付けます。
3. 15〜30分ほど置き、乾燥したら、丁寧に丸めながらボトルの中に入れます。
4. 最後に葉を丸めて入れ、オイルを注ぎます。

Point
空間静止技法を使った作品。花材が大きいので、透明シートに貼った花材が割れないように慎重に入れましょう。

Fruit Herbarium 25

押しフルーツのいちご、
ブルーベリー、ドライオレンジを使った、
見た目に美味しそうなハーバリウムです。
ボトルの口径が広いので、
材料を簡単に入れることができます。

グリーンを基調とした
ペッパーベリーが主役のハーバリウムです。
麦わら菊とシナモンスティックを入れ、
ナチュラルな雰囲気に。

Fruit Herbarium 26

Fruit Herbarium 25

flower

アジサイ：グリーン・イエロー・ホワイト
押しフルーツ：いちご・ブルーベリー
ドライオレンジ
かすみ草：レッド

bottle / tools

WMN-100透明びん

size

幅　：70mm
高さ：87 mm

make

1. アジサイ、かすみ草を交互にボトルの半分ほど入れます。
2. フルーツをボトルの正面に入れます。
3. 残りの空間にアジサイとかすみ草を入れます。
4. 大きなキャップの存在感が気になる場合は、お好みでリボンを結ぶなどの装飾をします。

Point
フルーツはボトルの正面に向かって入れます。フルーツは壊れやすいので注意しましょう。

Fruit Herbarium 26

flower

アジサイ：グリーン・イエロー・ホワイト
麦わら菊：ソフトピンク
かすみ草：ホワイト
ペッパーベリー：イエロー
シナモンスティック

bottle / tools

しずくボトル

size

幅　：72 mm
高さ：135 mm

make

1. アジサイ、かすみ草を交互に入れます。
2. シナモンスティック、麦わら菊を入れます。
3. アジサイ、かすみ草を入れながらペッパーベリーを左右に振り、バランス良く配置します。
4. 残りの空間にアジサイとかすみ草を入れます。

Point
ペッパベリーは崩れやすいのでボトルに入れるときは注意しましょう。

Fruit Herbarium 27

flower

アジサイ：ホワイト・ブルー
ペッパーベリー：ブルー
かすみ草：ホワイト

bottle / tools

テーパーロングボトル

size

幅　：59 mm
高さ：220 mm

make

1. アジサイ、かすみ草、ペッパーベリーの順番に入れます。
2. ペッパーベリーはかたまりの大きなものから左右に振るように配置します。
3. お好みで最後にリボンを結びます。

Point
ペッパーベリーのかたまりの大きさは、大・中・小と変化をつけてみましょう。ペッパーベリーは崩れやすいので、取り扱いには十分気をつけます。

ペッパーベリーを主役にしたハーバリウム。
かわいい雰囲気とさわやかさの
両面を兼ねているので、
男性へのギフトにもおすすめ。

Fruit Herbarium 27

シナモンと華やかなオレンジが目を惹く、
サングリアをイメージしたハーバリウム。
サングリアはカジュアルなカクテルですが、
シックな雰囲気にまとめました。

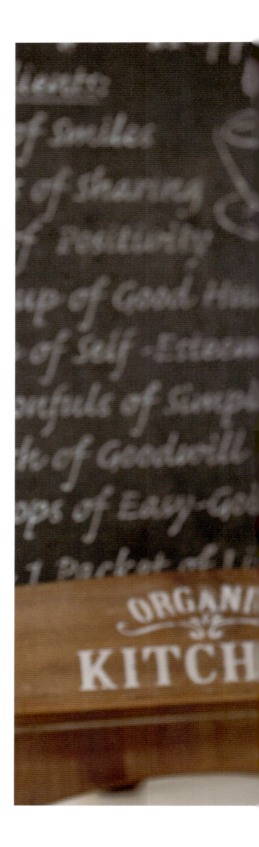

flower

アジサイ：パープル
フェザースモーク：ホワイト
ドライオレンジ
シナモン

bottle / tools

ウイスキーボトル

size

幅　：78 mm
高さ：140 mm

make

1. アジサイを入れます。
2. ドライオレンジをアジサイに立てかけるように入れます。
3. シナモンを入れます。
4. フェザースモークをアジサイに挿し、オイルを注ぎ入れます。

Point
オレンジはオイルに浸すとやわらかくなります。アジサイに立てかけるように入れると綺麗に見えます。

Fruit Herbarium 28

Fruit Herbarium 29

元気いっぱいの
ビタミンカラー。
たくさん入るボトルには、
自分の好きな花材を
贅沢にたくさん
詰め込んでみて。

Fruit Herbarium 30

アルファベットの形をしたボトルは、
自分のイニシャルで作ったり、
ギフトにしたり、
さまざまなところで活躍。
工夫次第で表現の幅が広がります。

Fruit Herbarium 29

flower

アジサイ：ホワイト・ブルー・グリーン
ヘリクリサム：ピンク
ドライオレンジ
松ぼっくり

bottle / tools

アルファベットボトルU

size

幅　：100 × 40 mm
高さ：100 mm

make

1. ボトルを横に向け、手前に傾けながら少しずつ花材を入れていきます。
2. ボトルの幅に対して花材が薄い場合はアジサイを挟んで固定します。
3. 花材全て入れたらオイルを注ぎます。
4. ボトルに空気が入っていないか確認します。空気が入っていた場合はボトルを傾け、キャップ下に空気を移動させ抜きます。

Point
ピンセットが入らない場合は、コロコロと花材を転がしながら設置したい位置まで持っていきます。

Fruit Herbarium 30

flower

アスパラ：イエロー・ライトグリーン
サゴ：イエロー
かすみ草：イエロー
シルバーデイジー：グリーン
ペッパーベリー：イエロー
ドライオレンジ
シナモンスティック
ドライモスグリーン
ラグラス：オレンジ
ラスカスグリーン
ポアプランツ：イエロー

bottle / tools

ウイスキーボトル

size

幅　：78 mm
高さ：140 mm

make

1. ボトル下の方に花材を入れたら、ボトルの1/3までオイルを入れます。
2. ピンセットで花材を動かし、バランスを調整します。
3. 残りの花材を入れ、*2*と同じ要領で、オイルを入れてから花材を調整します。

Point
奥行きを上手く使って小さな水槽のように考えて花材を詰めます。

Fruit Herbarium 31

Fruit

美しいグラデーションのハーバリウムボトル。
オレンジとペッパーベリーパープルの
バランスが絶妙です。
華やかながら、落ち着いた雰囲気のボトル。

flower

シナモン
ペッパーベリー：パープル
シルバーデイジー：パープル・ピンク
かすみ草：ホワイト・パープル
ドライオレンジ

bottle / tools

しずくボトル

size

幅　：72 mm
高さ：135 mm

make

1. 花材の色を考えながら並べます。
2. ボトルの下部にシナモン、アジサイを入れ、オレンジをアジサイに寄りかかるように入れます。
3. ペッパーベリー、シルバーデイジーを入れます。
4. 花材をふんわりと重ね、オイルを注ぎ入れます。

Point
前後左右に奥行きがあるので、浮きやすい花材の上にはアジサイかかすみ草を置いて安定させます。

Herbarium Technique

ライトアップアレンジ

ハーバリウムを楽しむ時間は、昼間だけではありません。
陽が落ちたころにライトアップ台の上にのせれば、昼間とは違う、
夜ならではの表情が見えてくるはず。昼間の爽やかな雰囲気とはまた違った、
幻想的なハーバリウムを楽しみましょう。

ライトアップで ハーバリウムを楽しむ。

陽の光に当てるとキラキラと輝くハーバリウムですが、
ライトアップするとまた違う表情を見せてくれます。
お気に入りの色の光をあて、
夜の部屋を美しく彩りましょう。

カラー
バリエーションで
雰囲気も変わる

お花の色をそのままに映し出してくれる
ホワイトの光はもちろん、ピンク、ブルー、
グリーンなど、気分に応じてさまざまなカラーで
お部屋の中を彩ってみましょう。

Orange × Blue

Blue × Green

Green × Purple

ライトアップにはRainbow Coasterを使用しています。

Column 04

専用オイルじゃないとダメなの？

ハーバリウムオイルを使う理由

ハーバリウムを作るときは専用のオイルを使いますが、これは水とは何が違うのでしょうか？　代用することはできないのでしょうか？　そんなハーバリウムオイルのお話です。

ハーバリウムを作りたいと思ったとき、中に入れる花材はもちろんのこと、オイルも重要なポイントで、水などでは代用できません。

ハーバリウムオイルは高純度に精製されたオイルで、その成分はガラスに近似した屈折率を有しています。そのため、ガラスのボトルにオイルを注ぐと、ボトル内に取り込んだ光を繰り返し反射させ、ガラスの中の植物をキラキラと色鮮やかに花材を輝かせます。この透明感と光の屈折率こそがハーバリウムオイルの特徴であり、ハーバリウムが美しく仕上がる理由です。

ハーバリウムオイルは中の花材がしっかりとキレイに見えるように作られているため写真との相性も良く、そのため、SNSなどにもとっても映えるのです。

異種混合のハーバリウム

Herbarium

Others

パールや、羽、リボンを入れてみたり、オイルの色を変えることで、
さらにオリジナリティが溢れる一本に。お花以外のさまざまなものを詰めて、
ボトルの中に特別な世界を演出してみましょう。

ラムネ色の海とトロピカルなサンゴを
イメージしたボトルです。
アジサイのカラーを替えて、
自分だけの海を作ってみて。

Others Herbarium 32

Others Herbarium 33

一味違った
ハーバリウムが作れるのが、
空間静止の技法です。
花材が浮かんで見える
不思議なボトルです。

Others Herbarium 32

flower

アジサイ：ブルー・ホワイト
サゴ：ピンク・イエロー
麦わら菊：オレンジ
天然石：ハイライトトルコ
水晶
シェル

bottle / tools

六角ロングボトル

size

幅　：49 mm
高さ：214 mm

make

1. ボトルに接着剤で天然石をつけます。
2. ボトルの下部にシェルを入れます。
3. アジサイふんわりと入れ、その間にサゴを差し込むように入れます。
4. サゴの上に麦わら菊を入れ、オイルを注ぎ入れまます。

Point
シェルは動きやすいので複数個ほど入れて安定させます。

Others Herbarium 33

flower

サゴ：ピンク・イエロー

bottle / tools

140ml台形ガラスボトル-y11
透明シート
接着剤

size

幅　：67 mm
高さ：72 mm

make

1. ボトルに合わせて透明シートをカットします。
2. 紙に下絵を描きその上に透明シートを重ねて、下絵に合わせ小さくカットした花材を貼り付けます。
3. 裏面も同じように花材を貼り付けます。
4. 接着剤が乾燥したらボトルに入れてオイルを注ぎ入れます。

Point
ボトルにぴったり沿うように、透明シートをカットしましょう。
※作り方はP.044を参照

Others Herbarium 34

flower

アジサイ：グリーン

bottle / tools

丸ロングボトル
精製水
アイシングカラー：イエロー

size

幅　：45 mm
高さ：214 mm

make

1. ボトルの1/3まで精製水を入れます。
2. アイシングカラーで精製水に色をつけます。
3. オイルをボトルの壁面に沿って2/3の位置まで入れます。
4. アジサイを入れてバランスがとれたら、最後までオイルを注ぎ入れます。アジサイはオイル側に入れましょう。

Point
水道水ではなく、必ず精製水を使うようにしましょう。
※作り方はP.058を参照

二層のハーバリウムは、
実は作り方は凄く簡単。
花材だけでなく、
色で個性を出すのもオススメです。

Others Herbarium 34

Others Herbarium 35

Others Herbarium 36

Others Herbarium 35

リボンを使って小花を
小さな花束に。
ホワイトモスとスケルトンリーフが
甘くなりすぎず、
全体を引き締めています。

flower

アジサイ：ピンクグラデーション
かすみ草：ゴールド、ホワイト
スケルトンリーフ：プラチナ
モス
ゴアナクロー

bottle / tools

ウイスキーボトル

size

幅　：78 mm
高さ：140 mm

make

1. 花材の色を考えながら並べます。
2. ボトルの底の方から花材を入れていきます。正面を意識し、リボンでアレンジした小花は見せる面とは反対側に着地するように入れていきます。
3. 小花の花束がしっかりと立つようにかすみ草でバランスを取ります。
4. 花材を調整して、オイルを注ぎ入れます。

Point

浮きやすい足元には必ずアジサイやモスなど浮かない花材を選びましょう。

Others Herbarium 36

ピンクに色づけした
カラーハーバリウム。
パープルのアジサイが
優しくお部屋を彩ります。

flower

アジサイ：パープル・ホワイト
麦わら菊：ソフトピンク
かすみ草：プラチナ
ソフトストーベ
シサル

bottle / tools

六角ロングボトル

size

幅　：49 mm
高さ：213.5 mm

make

1. アジサイ、かすみ草をボトルの1/3まで入れ、色づけしたオイルを加えます。
2. ふんわりと麦わら菊、シサル、アジサイを重ねていきます。
3. アジサイ、ソフトストーベを加え、オイルを注ぎ入れます。

Point

かすみ草やシサルを使い、それぞれの花材を固定します。

Others Herbarium 37

パールガーランドを花材と絡めたデザインに。
螺《ら》旋《せん》に配置することでお互いの美しさを引き立てる、
華やかなボトルになります。

Others Herbarium 38

ラメカールワイヤーがきらきらと美しいボトルです。
青いバラはオイルがなじむにつれて色にも変化が。
時間とともに別の表情を見せてくれます。

Others Herbarium 39

ふわふわ浮かぶ羽と、つやつやのパール、
きらきらと輝く光。
全てが今日のため、特別な日のため。
ホワイトメインのボトルは、
ウエディングの飾りなどにもぴったりです。

Others Herbarium 37

flower

アジサイ：パープル
麦わら菊：レッド
かすみ草：レッド
パールガーランド

bottle / tools

丸ロングボトル

size

幅　：45 mm
高さ：140 mm

make

1. アジサイ、かすみ草、麦わら菊の順に入れます。
2. パールガーランドを螺《ら》旋《せん》状に絡めるように入れます。
3. パールガーランドの最後は花材に引っかかるようにします。

Point
花材をパープルでまとめたことで、パールガーランドのホワイトが際立ちます。

Others Herbarium 38

flower

アジサイ：ブルー・ネイビー
バラ：ブルー
ラメカールワイヤー

bottle / tools

六角ロングボトル

size

幅　：49 mm
高さ：214 mm

make

1. アジサイ、ラメカールワイヤー、バラを順に入れます。
2. バラは左右に振るように配置します。
3. ほかの花材も色が偏らないよう、バランス良く配置します。

Point
ラメカールフイヤーを使うことで、ほかの花材が浮くのを防ぎます。

Others Herbarium 39

flower

アジサイ：ホワイト
フェザーホワイトコキール
アクリルパールホワイト：
6 mm・4 mm
ラメ：ゴールド・オーロラ

bottle / tools

丸ロングボトル
透明シート

size

幅　：45 mm
高さ：140 mm

make

1. ボトルに合わせてカットした透明シートにフェザー、アジサイ、パールを貼ります。
2. 透明シートをボトルに丁寧に入れます。
3. アジサイを足します。
4. ラメを入れて、オイルを注ぎます。

Point
ラメはオイルを注ぐ前に入れると、きれいに舞って幻想的な雰囲気になります。
新婦のドレスのカラーに合わせてアジサイのカラーを変えるのもおすすめ。

シンプルなカラーでまとめた
ハーバリウムディフューザー。
お好みの香りを加えれば、
見た目だけでなく香りでも
お部屋を楽しませてくれます。

Others

flower

アジサイ：ホワイト
ペッパーベリー：ゴールド
麦わら菊：ソフトピンク
かすみ草：ゴールド
ゴアナクロー
ヒカゲカズラ

bottle / tools

ウイスキーボトル

size

幅　：78 mm
高さ：140 mm

make

1. 花材の色を考えながら並べます。
2. ボトルの底の方から花材を入れていきます。正面を意識しながら、浮きやすい花材をヒカゲカズラやペッパーベリーで押さえます。
3. オイルを注ぎ、お好みの香りを加えて完成です。

Point

ディフューザーはオイルの量がボトルの指1本分ほど下になるため、花材は少なめに配置しましょう。

Others Herbarium 40

Column 05

インテリアだけでは終わらない！ ハーバリウムの楽しみ方を応用しよう！

ハーバリウムは日々新しい形で楽しみ方が生み出されています。ここでは、本書で紹介した以外の楽しみ方を、簡単に紹介します。

ハーバリウムオイルランプ

インテリアとして飾るハーバリウムから、さらに一歩踏み込んだアレンジが、オイルランプ。ハーバリウムオイルを、オイルランプ用のオイルに替えて、燃焼用の芯を入れるだけで完成。アロマを入れれば、アロマオイルランプにもなります。

結婚式のウエルカムスペース

空間静止の技法を使ってイニシャルを入れて、ウエルカムスペースにもおすすめ。空間静止技法はアイディア次第でさまざまな表現が可能です。キラキラと輝くハーバリウムは、ウエディングの場にぴったり。招待客を華やかに迎えましょう。

アクセサリー

小さな花材をコロンとひとつ小さなガラスドームに閉じ込めて、アクセサリーにするのもおしゃれ。ピアスやネックレス、ヘアピンや指輪など、どんなものにも合う万能アイテムです。気分で色を変えてみるのも楽しいもの。毎日が晴れやかになること間違いなしです。

お役立ち帳

Herbarium

Useful Book

うまく作れなくてつまずいてしまった。どんなアレンジをしようか迷ってしまう。
ハーバリウムをさらに楽しみたい人にきっと役に立つ要素をまとめました。
楽しいハーバリウム生活の手助けになるはず。

配色のルール

ハーバリウムづくりにおいて、花材を決めるときの配色はとっても重要です。色や配色は多岐にわたり、正解はありません。その分可能性は無限大ではありますが、迷ってしまうことも多いでしょう。そんなときは、身の回りの自然界の色味をよく観察してみるのもおすすめです。ここでは、基本的な色の組み合わせ方を紹介します。

色相
Hue

色相とは、赤、青、緑などの色の相違を指します。暖色、中間色、寒色の順に並んでおり、色相環を基準にしたときに、ベースにしたい色の左右の色を類似色相、色相環の真反対に位置する色を反対色相（補色）と言います。

色相・彩度・明度

色は、「色相」・「彩度」・「明度」の3要素で成り立っています。配色を考えるときはこの3要素を意識することがとても重要です。この3つをコントロールすることで、イメージした配色や、特に目立たせたい色を強調することができます。

彩度
Saturation

彩度とは、色の鮮やかさの度合いを指します。彩度が高い色合いはネオンカラー、彩度が低めの色合いはパステルカラーなどと呼ばれます。それぞれの色相が高彩度から低彩度までの彩度を持っています。

明度
Brightness

明度とは、色の明るさの度合いを指します。明度が高めの色合いはさわやかで軽い印象になり、明度が低めの色合いはどっしりとした重厚感が生まれる傾向です。

色のまとめ方の基本

類似色配色　Similar color

類似色の配色は、色相で基準カラーを中心にして左右の色を拾った配色方法です。適度な変化と統一感を出すことができます。また、季節や雰囲気など、色によるイメージを付けやすいのも特徴です。類似色の配色は初心者でも比較的簡単にまとめることができるので、このパターンから始めてみましょう。

同一トーン配色　Identical tone

同一トーンの配色は、様々な色相の色を、彩度や明度などのトーンの幅をそろえて対比させる配色方法です。複数のカラーを使ってもトーンをそろえることでまとまりを出すことができます。また、ワンポイントだけトーンの違うものを使うことでアクセントにもなり、作品にメリハリを付けることができます。

同一色配色　The same color

同一色の配色は、同じ色相でトーンを変える配色方法です。種類の違う花材をトーン違いの1つの色相でそろえることで、おしゃれな雰囲気が出しやすいのが特徴です。まとまりやすく、同色系と同じようにカラーの特色が出しやすいので、季節や雰囲気など、色によるイメージが付けやすいのも特徴です。

反対色（補色）配色　Opposite color

反対色の配色は、補色を使った配色方法で、目立たせたい色が際立ちメリハリのあるはっきりとした雰囲気になります。色味の違いが大きいので強烈な印象になりやすいため、彩度をあまり上げないように注意しましょう。

配色の黄金比

バランスの良い配色にするには、色の割合を意識することも重要です。慣れない内は、まずは使う色を3色に絞ってみましょう。使用する色が多くなると、それだけ配色は難しくなっていきます。カラーバランスの取り方をつかむために、配色の黄金比を頭に入れておきましょう。配色の黄金比とは、ベース:メイン:アクセントをそれぞれ70:25:5の割合にすることで、カラーのバランスをとる方法です。

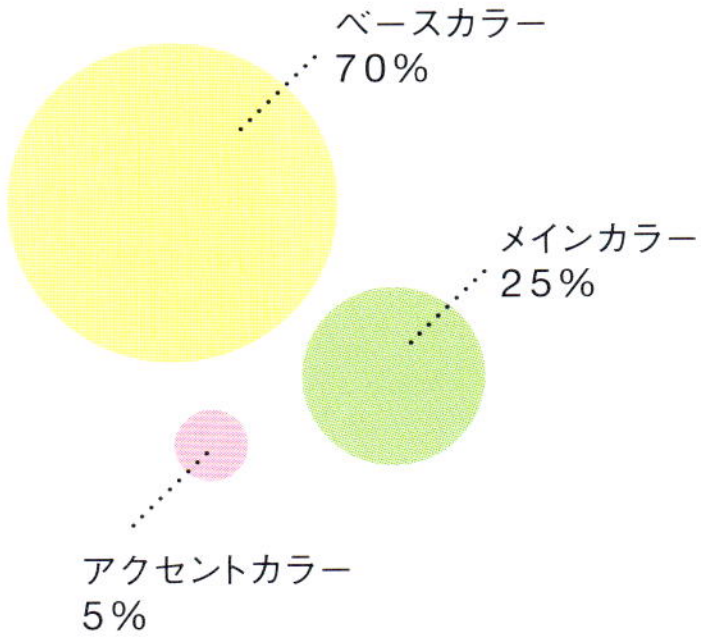

カラー別テクニック

色はそれぞれの色相ごとに持っているイメージが違います。
色の持つイメージをつかみ、それぞれのシーンにピッタリのカラーで
作品を作ってみましょう。

Blue ブルー

空や海のような広い自然を連想させ、開放感や落ち着き、気持ちの良さを感じさせるカラーです。どの年代、性別にも全体的に人気の高い色で、さわやか、涼やかさ、誠実さなどをイメージをさせます。明度が高めだと儚く高貴な印象にもなります。男性への贈り物として使うときにピッタリのカラーです。

【キーワード】男性／空／謙虚／落ち着き／開放的／誠実

Green グリーン

調和を表す色で、安定感や自然、癒やし、ナチュラルをイメージさせます。心の疲れを癒したりする心理的効果があります。ブルーとイエローの混色から作られ、ブルーの落ち着きとイエローの活発さどちらの印象も持っています。中間色なので一緒に使用している色の印象にイメージが左右されやすくもありますが、どんなシーンとも相性が良いカラーです。

【キーワード】リラックス／エコロジー／おだやか／健康／環境／植物

Orange オレンジ

元気の良い健康的な明るさや、絆、幸福感などのポジティブなイメージを持つカラーです。日常的に触れることの多いカラーで、万人受けしやすい親しみやすさ、エネルギッシュさ、温かさなどの心理的効果があります。ほかの色との相性も良いため、ベースカラーにもアクセントカラーにもなりやすい特徴があります。

【キーワード】社交的／太陽／温もり／陽気／自由／絆

Red レッド

情熱や愛情をイメージさせます。交感神経を活発にさせ、エネルギーを感じるアクティブカラー。また、豪華でダイレクトな印象が強いので、結婚記念日や周年記念などの記念日にピッタリ。有彩色の中でも目を引きやすく、アクセントカラーやメインカラーに使いやすいカラーです。

【キーワード】女性／積極的／愛情／情熱的／勇気／活発

Yellow　イエロー

さわやかで活発な親しみやすさ、若々しさをイメージさせます。有彩色の中でも一番明るい色で、光や幸福感などのポジティブな印象になりやすいカラーです。また、ほかの色との相性も良く、ベースカラーとしてもアクセントカラーとしても組み合わせやすく、全体的に軽めの印象にまとめたいときにもおすすめです。

【キーワード】明るい／光／快活／幸福／楽しい／軽量

Purple　パープル

レッドとブルーの混色から作られ、レッドの躍動感とブルーの落ち着きどちらの印象も持つことから、シーンによってイメージの変わりやすいカラーです。パープルの花は、上品さやエレガントさをイメージさせます。昔から高貴色とされていて、メインカラーに据えて、年配の方へのギフトなどにもおすすめのカラーです。

【キーワード】芸術／神秘／優雅／上品／エレガント／高貴

Pink　ピンク

柔らかく優しい印象を持つカラーで、おしとやかさや可愛らしさ、女性らしさをイメージさせます。どのカラーとも相性が良く、ワンポイントにはもちろん、ベースに使うと甘さやロマンティックさが出やすいカラーです。花の中でも人気が高く、どの年代の人にも送りやすいおすすめのカラーです。

【キーワード】女性的／可愛らしい／優しい／春／繊細／恋

White　ホワイト

清純無垢、汚れのなさをイメージさせます。はじまりをイメージさせるカラーで、色そのものに強い印象がないため、どのカラーとも相性は抜群です。ベースカラーにはもちろん、有彩色の中に使えばアクセントにもなります。白だけでまとめるとウエディングのような印象になり、清潔で汚れのないイメージになります。

【キーワード】可能性／清潔／祝福／神聖／平和／冬

SNSにアップしてみよう

ふわふわと漂う花材が美しいハーバリウムは、
光が入ればキラキラと輝き、とてもキレイに見えます。
スマートフォンのアプリなどで加工をせずとも、
そのままでもとても美しい写真になるのがハーバリウムの楽しさのひとつ。
そこで、手作りしたハーバリウムを写真に撮って、SNSにアップしてみましょう。
ここでは、写真を撮る際のちょっとしたコツを紹介します。
参考にして、とっておきの一枚を撮ってみましょう。

1. 自然の光で撮る

ハーバリウムは陽の光に当たるとキラキラと花が光ってとてもキレイです。保管場所としての窓際は長期保存のためにはあまり良いものではありませんが、ハーバリウムの美しさを最大限に引き出すには、やはり窓際がおすすめ。写真を撮るときだけは光の入る位置に置いて撮影するのも良いかもしれません。電気やフラッシュなどは使用せず、自然の光を使ってそのままの美しさを映しましょう。

2. 撮影時間を意識する

自然の光で撮るのがおすすめのハーバリウム。そこで、撮影するときの時間を意識してみましょう。日中でも、15～16時を過ぎると日が落ちてきて夕方の雰囲気になり、黄色っぽい写真になりがちです。それはそれでとても素敵ですが、花の色をしっかり出すためには午前中に撮影をしましょう。その際、できるだけ柔らかな光を取り入れるのがコツです。カーテンなどを使用して、ハーバリウムの中に光を含ませるような感覚で撮影しましょう。また、ライトアップしたボトルの撮影にチャレンジするのもおすすめです。

3. 撮影は正面から

特にロングボトルは、ついつい斜めから撮りがちですが、おすすめは正面から。ボトルの中に入っている花材を正面からしっかりと写してあげましょう。また、写真を撮る際はしっかりと水平・垂直を意識するのも大事。ハーバリウムを置いているテーブルやボトル自体が傾いていると、安定感が失われてしまいます。水平・垂直を確かめながら、傾きがないように撮影しましょう。

4. 花材をアクセントに入れる

作品だけを撮っても美しいハーバリウムですが、おすすめなのは、使用花材をまわりに少し散らしてあげること。アジサイやワンポイントになりやすい麦わら菊、ドライフルーツなどは相性が良いです。ボトルの中に入っている花材を示すことで、見る側もわかりやすいです。

5. 背景の色を意識する

ハーバリウムの中の花がきれいに写るよう、背景の色や物を意識してみましょう。背景はなるべくシンプルにしたほうが良いでしょう。作品がしっかりと浮き出るように、背景に映り込む色数はできるだけ少なくするのがポイントです。

ハーバリウムは光を取り込んできらきらと輝きます。ハーバリウムを作った際にはぜひ写真を撮ってみましょう。友達や会社で披露したり、教えたりして、ハーバリウムの輪を広げてみましょう。

ワンランクアップアレンジ

リボンで
アレンジ

ハーバリウムの最後の仕上げとしていちばんベーシックな方法が、リボンを結んでのアレンジです。一口にリボンと言っても、サテン、オーガンジー、麻紐など、さまざまな種類があります。ぴったりのものを自分で選んでみては？

Ribbon

Tassel

タッセルで飾る

人気のタッセルをボトル口にくくれば、大人っぽい雰囲気にまとまります。市販のものを使うのはもちろん、好きな糸を使って自分でタッセルを作るのもオススメです。タッセルは糸さえあれば簡単に作れるアイテム。ビーズなどを使っても可愛さが増します。

タグや
メッセージを
添えて

タグやラベルを使えばショップのグッズのようなおしゃれアイテムに。ディフューザーなら、使っているアロマ名を書いたタグを付けたり、瓶に小さなメッセージカードを添えて贈り物にするのも良いでしょう。

Message

Label

ラベルを貼って

ショップシールを貼っても雰囲気はガラリと変わります。ボトルのお好きな位置に、ぺたりと一枚。シールの形は正方形のものはもちろん、細長い形などさまざまです。最後の仕上げとしてラベルを貼ってみましょう。

Useful Book

ハーバリウムQ&A

ハーバリウムに関する
気になる疑問にお答えします。
困ったときの参考にしてみてください。

Q ハーバリウムはどれくらい持ちますか？

A 使用する花材や環境によって変わってきますが、半年から1年ほどはキレイなまま飾っていただけます。花を入れるときにきちんとホコリを落としたり、キャップをするときにしっかりと密封するなどして、できるだけ長持ちするように工夫しましょう。年月が経ってアンティークのように楽しむのも、おすすめです。

Q 初心者にオススメの花材はありますか？

A アジサイメインのハーバリウムは、小さなお子さまでもカンタンに作れるのでおすすめです。アジサイの中に大振りの花を入れればアクセントにもなるので、初心者の人でも見栄え良くできます。アジサイのハーバリウムから、少しずつ自分のカラーを出していくと良いでしょう。

Q 生花は使えませんか？

A 水分があるとカビが生えてしまうので、生花は絶対にNGです。中に入れる花材は、きちんと水分が飛んでいる市販のプリザーブドフラワーやドライフラワーを使うのがおすすめです。自分で作ったドライフラワーを使う際は、水分がしっかり抜けたものを使用してください。

Q 保管方法はどのようにしたら良いですか？

A 光に当てるときらきらとしてキレイなハーバリウムですが、直射日光に当てると劣化の原因になってしまいます。カーテンなどで日を遮ったりして、高温多湿や直射日光を避けて飾ることが、長持ちのポイントです。

Q　プレゼント用にするときは？

A　ハーバリウムは長期保存が可能なので、プレゼントにもとってもおすすめ。リボンを結んだり、タッセルやラベルを貼って仕上げるなどのアレンジをして、特別な一本を贈ってみましょう。その際、動きにくい花材を使えば、渡す際に持ち運びもしやすく、相手にとっても嬉しい配慮です。

Q　ボトルは洗った方が良いですか？

A　ボトルも花材も、水分がきちんと抜けていることが大事なので、もし洗う場合はドライヤーなどを使ったりしてしっかりと乾かしてください。市販のハーバリウム用のボトルでしたら、洗わないでそのまま使っても大丈夫です。

Q　入れてはいけないものはありますか？

A　生花などの水分があるものはカビの原因になるのでできるだけ避けましょう。また、その他の人工素材や一部の天然素材は溶け出してしまうことがあるので、使用前にオイルに浸してテストをすると良いでしょう（P.108参照）。

Q　一輪挿しが浮いてしまうのですが、どうしたらいいですか？

A　一輪挿しなどの場合は、茎の部分を麻紐やリボンで結ぶなどして、重みを出すのが浮きにくくなるポイントです。また、アジサイやかすみ草などにひっかけたり、茎に結んだリボンを埋めたりすると、浮きにくくなります。

Q　作品を作るコツはありますか？

A　花材を詰め終わったあと、オイルを入れる前にひっくり返してみましょう。ひっくり返したときに花材が動かなければ、オイルを入れたあとでも花材が安定します。花材が安定したら、ゆっくりと丁寧にボトル沿いにオイルを注いでいきます。

Q 花材が大きくて瓶の口に入らないのですが、どうしたらいいですか?

A 大振りの花やドライフルーツは、瓶の口よりも大きくてそのままでは入らないことも。そんなときは、割れたり壊れたりしないよう慎重に、入る大きさに曲げながら入れてください。ドライフルーツ類は曲げても割れない程度のサイズにカットしましょう。

Q オイルに色が出てきてしまいました。

A プリザーブドフラワーは花を着色しているので、それらの色が溶け出してしまうことがあります。そのようなことを避けるために、作品を作る前に花材を一度オイルに漬けてテストをしてみることをおすすめします（P.108参照）。また、花の変化を見られるという意味で、色の変化を楽しむのもいいかもしれません。経年劣化もハーバリウムの楽しみ方のひとつです。

Q デザインするときのコツを教えてください。

A ロングボトルなら、ボトルの上中下、3段階に分けて考えると、デザインがすっきりとまとまってみえます。各段、花材を入れるごとにオイルを入れていくと、デザインの修正などもききやすいのでおすすめです。花を入れるときは、正面を意識しながら入れてあげると、きれいに仕上がります。

Q 花材選びのときに気をつけているポイントなどはありますか?

A ハーバリウムの魅力はたくさんありますが、オイルを吸うと生花のようにきれいに見えるのはハーバリウムならではの魅力の1つです。オイルに浸したときにどのくらい透けるのかを想像しながら花材を選ぶのはとってもおすすめです。また、花材はたくさんの種類を入れたくなりがちですが、種類や色をしぼってみると、うまくまとめることができます。

Q オイルが途中で足りなくなってしまったのですが、別の商品のものを混ぜても平気ですか?

A ハーバリウム用のオイルは種類が豊富に出ています。市販されているオイルはシリコンオイルとミネラルオイルの２種類が主流ですが、混ぜてしまうと濁ることがあるので、オイルを混ぜるのは避けましょう。オイルを別の容器に入れ替えてから使う場合は、容器もオイル毎に分けて使うようにしましょう。

Q ネット販売したいのですが、注意点はありますか?

A ネット販売の際は下記の点に注意しましょう。

1. 液漏れに注意

危険度の高いオイルではありませんが、輸送の際はキャップを強く締め、オイルが漏れないように十分に注意しましょう。また、輸送の際は緩衝材などできちんと梱包し、ガラス瓶の割れやキャップ部分からの液漏れがないように十分対処しましょう。

2. 使用花材に注意

輸送の際に大きく振られてしまうと、花材が浮いてしまう場合があります。そのため、出品用に制作するものは、浮きにくい花材を使用するなどして、輸送されることを前提としたデザインに仕上げましょう。

3. 輸送手段は陸上輸送・海上輸送が基本

ハーバリウムは、認知度の低さから航空機での輸送や機内の持ち込みは拒否されることが多くあります。そのため、販売で輸送をする際は陸上輸送や海上輸送を基本とするのが良いでしょう。

4. 素材の使用前テストを行う

ハーバリウムは半永久的に美しさを保てるものではありませんが、一定期間の品質を保持するために、使用素材は前もってテストをしておきましょう。これにより、花材の色落ちなどに前もって対処することができます。

取り扱いの注意点、使用資材のテストの方法

取り扱いの注意点

○廃棄の方法

使用したハーバリウムを捨てるときは注意が必要です。中のオイルは下水道に直接流さず、古紙や新聞紙に染み込ませてから可燃ゴミとして花材とともに破棄してください。また、外のボトルやキャップ部分は各自治体のルールに従って破棄してください。

○飲用ではありません

ハーバリウムは専用のオイルを使用しており、飲用ではありません。乳幼児やペットの手が届かないところに置くなど、保管場所には十分に注意してください。

○火気・直射日光に注意

引火点が高く、燃えにくいですが、可燃性の液体ですので火器の側には置かないでください。

○保管方法

直射日光が当たる場所での保管は色落ちや劣化の原因になります。なるべく避けてください。

○万が一のときの対処法

人体に害のあるものではありませんが、肌や目についたとき、誤飲したときは注意が必要です。

・肌に付いたとき…きれいな水で十分に洗い流してください。
・目に入ったとき…きれいな水で十分に洗い流し、医師の診断を受けてください。
・誤飲したとき…何かを飲ませたり吐かせたりせずに、医師の診断を受けてください。

使用資材のテストの方法

ハーバリウムに使う花材は、主にプリザーブドフラワーやドライフラワーを使用します。特にプリザーブドフラワーは植物中の水分を抜いて特別な液体を染み込ませたもので、ハーバリウム用に使っている花材は、さらに着色している場合がほとんどです。

着色方法や染料はメーカーによってさまざまなので、ご使用のオイルに合う場合、合わない場合があります。そこで、作品完成後の色落ちを避けるために、作り始める前に簡単なテストをしておきましょう。また花材だけでなく、使用する予定の資材がオイルに適しているかどうか、テストをしてからの使用だと安心です。

1. 小さめのガラス容器に資材を少量入れ、オイルで浸します。
2. 3～4日ほど放置し、色が落ちたり溶け出したりしなければ使用できます。

上記の方法やテストの日数はあくまで目安です。必ず問題がないというものではありませんので、ご使用の際は十分に注意してください。

ディプロマ取得可能教室

Salon Krista (サロンクリスタ)

都営大江戸線 西新宿五丁目駅から徒歩2分。ハーバリウムを教えたい方、販売したい方、趣味として自由に楽しみたい方などさまざまなニーズに答え、多数のレッスンを用意。資格講座も充実しており、講座では5本のハーバリウム制作を通して、ボトルや花の特性や扱い方を学びます。テキスト・復習用の素材も完備した充実の内容。

住所 ● 東京都新宿西新宿5丁目（詳しくはご予約時にご案内）

受講内容 ● ハーバリウムコーディネーター資格講座／フラワーアートリウム講座／フレグランスハーバリウム講座／ハーバリウムランプ講座

お問い合わせ先 ●
info@salon-krista.com
http://salon-krista.com/

FRANGIPANI (フランジパニ)

名古屋駅からほど近いサロンで、初心者向けのハーバリウムコーディネーター資格講座を実施。ドライフラワーに囲まれた穏やかな空間で、5本のハーバリウム制作を通して一から楽しく学ぶことができます。また、人気のハーバリウム通信講座では同じカリキュラムをDVDで学べます。

住所 ● 愛知県名古屋市中区栄2丁目1-12（名古屋「伏見駅」から徒歩1分）

受講内容 ● 形の違う5つのボトルの制作を通して、ボトルに合わせたデザインの仕方や、キレイに仕上げるコツを1日で習得できます。

お問い合わせ先 ●
school.frangipani@gmail.com

& S (アンドエス)

JR池袋駅から徒歩2分。「女性がいつまでも楽しく輝くお手伝いをする」がテーマのお教室で、仕事帰りにも寄れる夜レッスンも実施。5本のハーバリウム制作を通した基礎レッスンや花材やオイルについての座学も実施。花材は100種類以上から選ぶことができるので、お好みのハーバリウムが作れます。

住所 ● 豊島区西池袋1-4-5　佐々木ビル206

受講内容 ● 4種類、5本のボトルの特徴を活かしたアレンジを基礎から体型的に学べます。フォローアップレッスンも充実しており、花材やオイルについての座学も実施。

お問い合わせ先 ●
https://savondes.wixsite.com/savon12

bel fiore (ベルフィオーレ)

ハーバリウム教室を開きたい、教室のレッスンメニューにハーバリウムを新しく加えたい、インターネットやイベントなどでハーバリウムを販売したい。このような方に向けたハーバリウムコーディネーター資格講座を開催。少人数制のお教室で、ディプロマ資格の取得はもちろん、アフターフォローまでしっかりとサポート。

住所 ● 東武東上線成増駅徒歩5分（詳しくはご予約時にご案内）

受講内容 ● 形の違う4本のボトルでハーバリウムを作成。また、ハーバリウムについての講義を学びます。花材・資材の購入先のご紹介など、アフターサポートも充実。

お問い合わせ先 ●
belfiore0423@gmail.com

atelier la escena (アトリエ・ラ・エスセーナ)

初心者の方にはハーバリウムの魅力をたっぷり楽しめるレッスン、講師の方には新しいレッスンメニューのご提案など、初心者の方から講師の方まで、さまざまな人が楽しめるレッスンを実施。マンツーマン～少人数レッスンなので、しっかり丁寧に学べます。また、小さなお子様連れの人も受講できます。

住所 ● 東京都世田谷区京王線千歳烏山駅すぐ（詳しくはご予約時にご案内）

受講内容 ● 気軽な体験コース、ギフト向けコース、本格的にお仕事にしたい方向けの資格コースなど、幅広く対応。ハーバリウム以外にもアクセサリーなどさまざまなレッスンご用意。

お問い合わせ先 ●
http://la-escena.work

このほかにも、個人の教室や協会など、ハーバリウムの基本を学んでいただけるところはたくさんあります。自分の好みのハーバリウムを作っている人を見つけたら、教室を開催しているかなどを調べてみましょう。受講料は5,000～30,000円と幅広いので、詳しくは各教室に問い合わせてみましょう。

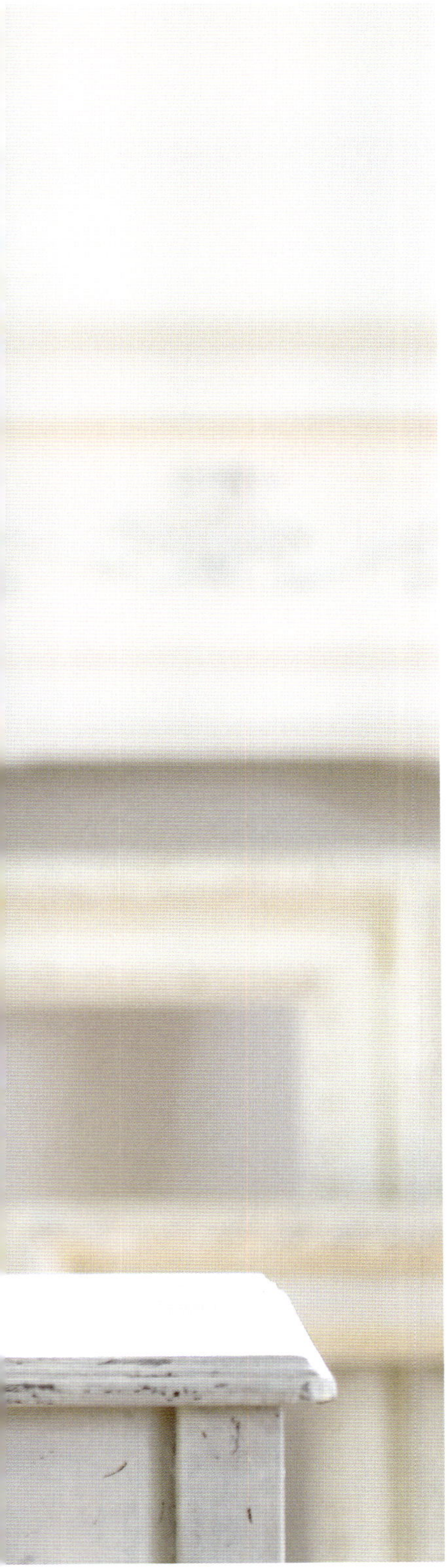

ハーバリウム普及推進委員会

Artist File

&S すみれ

{作品} *01・05・13・18・19・24・31・35・36・40*

ハーバリウムコーディネーター、池袋コミュニティカレッジ講師。「女性がいつまでも楽しく輝くお手伝いをする。頑張っている自分へご褒美と癒しを」をテーマに活動。女性は妻となり母となり、その生活に日々変化がありますよね。家庭を持ち、会社で働き、子育てをする。とても忙しく大変な日々を過ごしていると思います。とても大変ですが、女性として素敵な生き方ですよね。忙しい日々の合間にほかのことを忘れて約2時間集中し作業に没頭する…いつもがんばっているご自身へ、非日常をご褒美に。一人の女性として好きなことを好きなだけ楽しんで欲しい。& S は、そんなご提案ができたらと考えています。

https://savondes.wixsite.com/savon12

庄司優名　atelier la escena

{作品} *07・10・12・20・21・22・23・28・32・39*

東京都世田谷区在住、愛知県名古屋市生まれ。ネイルチップやアクセサリー作りからハンドメイドを始める。本物の植物を使ったアクセサリーを作る中でハーバリウムに出会う。花屋や百貨店での委託販売、ハンドメイドイベントへの出展などで活動中。子育て中の方へ向けたリフレッシュレッスンから、ハンドメイドを仕事にしたい方への本格的な資格レッスンを行うなど、様々な用途に応えた講師としても活動している。

http://la-escena.work

bel fiore

{作品} *04・06・11・14・15・25・26・27・37・38*

幼い頃より花や植物が身近にあり、フラワーアレンジメントをはじめる。フラワースクール修了後、多くのフラワーデザイナーに師事する中でハーバリウムの美しさに惹かれ、ハーバリウムコーディネーター資格を取得。東京都板橋区・埼玉県和光市・成増駅周辺でハーバリウムの1dayレッスン・ディプロマレッスンを開講。「ナチュラル」「かわいい」「癒し」が主なテーマ。

http://ameblo.jp/belfiore0423

HERBARIUM.M.FLOWER

{作品} *02・03・08・09・16・17・29・30・33・34*

SNSで見かけたハーバリウムをきっかけにハーバリウム資格講座にて資格を取得。他とは違うハーバリウムを目指し、アートリウムやフレグランスハーバリウムの技法も習得。主にハンドメイドサイトなどで作品を出品し、結婚式やパーティーなどの飾りとして人気を得る。

https://minne.com/@cotatu1120

作品制作　&S すみれ
庄司優名　atelier la escena
bel fiore
HERBARIUM.M.FLOWER

撮影　小澤 右
デザイン　近藤みどり
編集　株式会社スタンダードスタジオ
河谷未来

この本に関するお問い合わせ
TEL：03-5825-2285（株式会社スタンダードスタジオ）

〈 用具と材料 〉
本書に使用した商材は藤久株式会社（クラフトハートトーカイ、クラフトパーク、クラフトワールド、クラフトループ）オリジナルの商材を使用しています。材料、用具、販売店のお問い合わせは下記にお願いいたします。

藤久株式会社
〒465-8511
愛知県名古屋市名東区高社 1 丁目 210 番地
0120-478-020（フリーダイヤル）
HP：https://www.crafttown.jp
（右の QR コードからもアクセスできます）

通信販売でも購入できます。
詳細は下記までお願いいたします。

クラフトハートトーカイドットコム
〒465-8555
愛知県名古屋市名東区猪子石 2 丁目 1607 番地
TEL ：052-776-2411
HP ：http://www.crafthearttokai.com

煌《きら》めくハーバリウム

2018 年 5 月 1 日　第1刷発行
2019 年 8 月10日　第5刷発行

著　者　ハーバリウム普《ふ》及《きゅう》推《すい》進《しん》委《い》員《いん》会《かい》
発行者　吉田芳史
印刷所　株式会社 光邦
製本所　株式会社 光邦
発行所　株式会社 日本文芸社
〒101-8407 東京都千代田区神田神保町 1-7
TEL　03-3294-8931（営業）
03-3294-8920（編集）

Printed in Japan　112180417-112190724 Ⓝ 05（201054）
ISBN978-4-537-21572-4
URL https://www.nihonbungeisha.co.jp/

（編集担当 牧野）